# Atrévete a conversar con tus hijos de sexualidad

Ana Isabel Larrain Sundt • Isabel Margarita Diez Arriagada
• Rosana Muñoz Parada •

Primera edición chilena: 2001
Primera edición mexicana: 2009

Diseño de portada y formación: Aida E. Gutiérrez Teck
lilitagt@yahoo.com

Derechos Reservados

© 2001 Rosana Muñoz Parada • Isabel Margarita Diez Arriagada
Ana Isabel Larrain Sundt • María Elosegui Echazo

© 2009 Minos Tercer Milenio, S.A. de C.V.
Augusto Rodín No. 276
Col. Noche Buena
03720 México, D.F.
Teléfonos: 5615 9359 • 5615 6662
5615 5890 • 5615 3469
Fax: 5615 3467

Oficinas en Guadalajara:
Arcos No. 135
Col. Arcos Vallarta
44130, Guadalajara, Jal.
Teléfonos: (33) 3615 5766 • (33) 3615 4275
Fax: (33) 3615 7471
www.minostercermilenio.com

ISBN: 978-607.432-016-9

# Atrévete a conversar con tus hijos de sexualidad

Ana Isabel Larrain Sundt • Isabel Margarita Diez Arriagada
• Rosana Muñoz Parada •

Minos
III MILENIO
EDITORES

# Índice

7

Índice

# Agradecimientos

*Atrévete* es un libro dedicado a los padres formadores de sus hijos y ejemplos del verdadero amor. Es una publicación que está hecha pensando que los papás y las mamás tienen el deber primario y la sabiduría necesaria de educar a sus hijos. Este libro les reafirmará sus convicciones.

Está dedicado especialmente a las madres que son por lo general, el pilar en la formación de sus hijos y que muchas veces se encuentran solas en esta tarea. *Atrévete* puede ayudar a que los papás se involucren en esta formación, porque sus consejos y sus sugerencias son muy necesarias.

La formación de los hijos es importante, ellos esperan de sus padres que les den respuestas coherentes y convincentes.

Los padres pueden enseñarles mejor que nadie lo que es el verdadero amor, para que ellos puedan mirar la vida de una manera limpia, sólo así serán felices, porque el verdadero desarrollo humano consiste en encontrar la felicidad.

Agradecemos a Isabel Bustos y Marta Castillo por su asesoramiento y ayuda en el comienzo del proyecto. Damos gracias a Gabriela Kast que generosamente accedió a revisar el manuscrito y a Aquilino Polaino–Lorente que se ha ocupado de la lectura del libro y de la redacción del prólogo.

De la misma manera extendemos muy sinceramente a todos los que han ayudado a la preparación de este libro y muy especialmente a los adolescentes que han compartido con nosotros sus vivencias y a aquellas madres ejemplares que nos han entregado sus experiencias de cómo ellas han educado a sus hijos.

Rosana Muñoz Parada
Directora de la Publicación

# Prólogo

La educación de los hijos en la sexualidad, asunto de que trata este libro, se presenta hoy como una necesidad urgente y llena de dificultades. Urgente, porque a pesar de constituir una materia cuya educación compete principalmente a los padres, no obstante, continúa siendo una "asignatura pendiente" en el amplio espectro de los contenidos de la educación familiar. Llena de dificultades, porque el contexto sociocultural se presenta hoy harto problemático: desde el consumo de pornografía al riesgo del sida; de las relaciones prematrimoniales y el así llamado "sexo seguro" al incremento de la incidencia de homosexualidad y de los trastornos de la identidad de género.

Pero todo esto, con constituir una necesidad apremiante, no obstante, no es lo más importante de la educación sexual en el contexto familiar. Mucho más relevante que eso es, por ejemplo, la articulación entre la educación sexual y la educación sentimental de los hijos o, si se prefiere, entender la educación sexual como la educación en el amor.

En este punto es menester ser muy claro. A ningún padre, que realmente lo sea, se le escapa lo importante que es amar a los hijos, un requerimiento éste que con independencia de ser una exigencia natural de los hijos, constituye algo para lo que las personas están también naturalmente preparadas. La maternidad y la paternidad optimizan y afinan muy sutilmente esas capacidades innatas de que están dotados la mujer y el hombre para la educación de la prole.

Ahora bien, ¿se ama realmente a los hijos, cuando se teme, se ignora o, sencillamente, se silencia y margina la necesidad que tienen de ser educados en esta materia? ¿Se ama realmente a los hijos cuando no se ama su sexualidad y la educación que ésta demanda? ¿No está acaso implicada la sexualidad de los padres –aunque no sea la única ni la más importante función en el ámbito conyugal– en el mismo origen de la vida y la persona del hijo? ¿No tendrá algo que ver esta cuestión acerca del propio origen con el futuro desarrollo y despliegue biográfico de la vida personal de cada hijo? ¿Pueden los padres desentenderse de esta materia y cerrar los ojos a la realidad? ¿Es que es tal vez más conveniente delegar la educación sexual de los hijos en otras personas –por ejemplo, los profesores–, a las que en modo alguno les atañe esta cuestión acerca del origen, por no formar ellos parte del problema, ni estar concitados ni ser interpelados por ella?

Las respuestas suscitadas por las anteriores preguntas no tienen la pretensión de ser un alegato sólo útil para culpabilizar a los padres. Pretenden más bien servir de incentivo, de vigorización de la motivación para que los padres realicen con amor –sin miedos y sin subterfugios dilatorios– una de las responsabilidades más honrosas que como padres tienen.

Es llegada la hora de recuperar –también aquí– el puesto emblemático y señero que los padres han de ocupar, con todo derecho, en la educación en los hijos o, si se prefiere, en el diseño y la génesis del futuro tejido social.

Recordaré al lector, a este propósito, aquellas palabras de Peguy que suenan con el son y el eco de las grandes hazañas épicas. "Sólo hay un aventurero –escribe– en el mundo, como puede verse con diáfana claridad en el mundo moderno: el padre de familia. Los aventureros más desesperados son nada en comparación con él. Todo el mundo moderno está organizado contra ese loco, ese imprudente, ese varón audaz que hasta se atreve, en su increíble osadía, a tener mujer y familia. Todo está en contra de ese hombre que se atreve a fundar una familia. Todo está en contra suya. Salvajemente organizado en contra suya".

Educar en la sexualidad es también educar para una gesta heroica, puesto que no es disociable aquella de la génesis de la familia. Los hijos tienen muchas necesidades, tantas más cuanto más pequeños son. Una de ellas es, desde luego, la necesidad de seguridad, de seguridad en lo relativo a su entorno y a los cuidados que es preciso prodigarles, pero también –y esto es quizá todavía más irrenunciable– en lo que respecta a la seguridad de su propio ser.

¿Qué pensará el hijo de la sexualidad, si sus padres nunca le hablaron de ella? ¿Qué pensará de la sexualidad de sus padres que, sin duda alguna, está implicada en el hecho fundacional de su propia persona? ¿Qué pensará acerca de su propia sexualidad, si jamás ha recibido ninguna referencia, guía o educación para conducir su conducta personal, de modo que dé alcance a su propio destino?

Con esto nos adentramos en una cuestión sustantiva: la necesidad de volver a unir sexualidad y afectividad; afectividad y procreación; sexualidad y procreación; paternidad, sexualidad y filiación. Infortunadamente, estos conceptos están hoy sueltos y a la deriva, como si se hubiera quebrado de modo artificial el eje vertebrador que los integraba y unía en el corazón de la persona. No parece sino que en la actual cultura, lo natural ha sufrido un quiebre radical y amenaza con la abolición de la natural unicidad de la persona.

¿Es posible una educación sexual que se imparta descontextualizada de la afectividad interpersonal, del compromiso conyugal, de la procreación, de la comunión personal? ¿Puede llamarse propiamente "sexualidad" a lo que emerge de una educación así concebida? ¿Cómo justificará el pequeño que las personas que más le quieren y de quienes ha recibido el regalo de la vida le escamoteen la educación que precisa? ¿No minusvalorará o tergiversará acaso las "buenas intenciones" de sus padres en el acto procreativo que funda el origen de su persona? Y si se avergüenza infundadamente de sus padres, ¿pondrá su confianza en ellos, se fiará de ellos? ¿A pesar de que le hurten toda explicación sobre el sexo, que continúa siendo para ellos un poderoso "tabú"?

No, los padres no debieran someterse a tan peligrosos riesgos. Los padres son las personas privilegiadas –suelen estar naturalmente bien dotados para ello– para hacer todavía más grande y poderoso –más real también– el poder creador de la persona, por medio de la trasmisión a sus hijos de las enseñanzas pertinentes acerca de la sexualidad.

Para llevar a buen puerto esta honrosa función, es preciso satisfacer algunas condiciones:

La *primera* consiste, qué duda cabe, en *atreverse* a conversar y educar a los hijos en esta materia, tal y como se aconseja en esta publicación.

La *segunda* en atreverse a *estar siempre disponible,* es decir, en tener el necesario tiempo para ello, en no aplazar para un "después" –que puede ser muy lamentable– cualquier respuesta a las preguntas formuladas por los hijos.

La *tercera* consiste en atreverse a *cuidar las relaciones conyugales,* de manera que en ellas resplandezca el respeto, la entrega, el cariño, la delicadeza, el pudor y todas esas virtudes que aderezan, de forma imprescindible, el amor humano.

Una vez oí decir a un matrimonio en una sesión de terapia familiar lo que sigue: "en casa no aprendimos nada, pero imitábamos todo". El modo como los hijos perciben —e imitan— las relaciones entre sus padres, constituye el testimonio, el ejemplo veraz que sale garante de la educación sexual que reciben.

La *cuarta* es atreverse a que aquí como en otros muchos ámbitos, *más vale pasarse por "más" que por "menos",* llegar "antes" que llegar "después".

La *quinta* consiste en atreverse a *no rehusar hablar de ningún tema* por enojoso que fuere. Aquí tan importante es hablar a los hijos de "eros" como de "mitos" o de "ágape". Ninguno de ellos ha de ser excluido, pero tampoco ninguno de ellos debiera ser valorado en exceso.

La *sexta* consiste en atreverse a *hablarles del "intus"* y del "extra" del *amor* humano. Los hijos atienden mejor, por la inexperiencia propia de su edad, a la morfología que a la intimidad del otro. Acaso por eso, atienden más —si se me permite la metáfora— a la "carrocería" que al "motor" del coche. Y como "atienden" a la primera —a veces, sólo a la primera—, sólo "entienden" de ella y, en consecuencia, se "desentienden" de lo más importante: la intimidad del otro.

La *séptima* consiste en atreverse a hablarles de la generación de un nuevo ser, del *acto creativo —por creativo— por antonomasia,* que al mismo tiempo que funda y da origen a una nueva persona —el hijo— configura de un modo nuevo a quienes así se conducen: al varón como padre y a la mujer como madre.

No hay padre ni madre sin hijo, como no hay –o no debiera haberlo– hijo sin padre ni madre. Pero cada una de esas personas y funciones –filiación, maternidad y paternidad– que aquí se concitan, lo hacen precisamente por referencia a la función sexual que media el proceso que en tales les constituye. Esta especial grandeza no debiera omitirse, a no ser al precio de sabotear la esencia misma de la educación sexual.

La *octava,* por último, consiste en *admitir los propios límites* que se tienen como padres, al tiempo que se asume el hecho misterioso e inconmensurable de la *libertad de los hijos* a los que se educa. Charles Peguy nos lo muestra magistralmente en otro texto antológico, al evocar las dificultades con que pueden encontrarse aquí muchos padres: "como un padre –escribe– que enseña a su hijo a nadar en la corriente del río y que está dividido entre dos sentimientos. Porque, por un lado, si le sostiene siempre y le sostiene demasiado el niño se agarrará y no aprenderá nunca a nadar. Pero si no le sostiene en el momento justo, este niño beberá un mal trago (...) Tal es el misterio de la libertad del hombre, dice Dios, y de mi gobierno sobre él y sobre su libertad. Si le sostengo demasiado no es libre. Y si no le sostengo suficientemente se hunde. Si le sostengo demasiado, expongo su libertad, si no le sostengo suficientemente, expongo su salvación (...) La libertad de esta criatura es el reflejo más bello que existe en el mundo de la libertad del Creador".

16

El libro que tienes entre las manos, amable lector, procura animarte, precisamente, a que te atrevas a algo tan sencillo como conversar con tus hijos sobre esta delicada materia de la sexualidad.

El texto está organizado en siete unidades, muy bien diseñadas, que permiten adentrarse en el tema poco a poco, según un eje progresivo que va de lo sencillo a lo complejo y recorre las principales etapas del desarrollo evolutivo de los hijos.

A lo largo de esas unidades se provee a los padres de suficiente información acerca de la educación sexual en las diversas etapas evolutivas (en sus diversos aspectos biológicos, afectivos, cognitivos), el diálogo padres-hijos, la educación de la intimidad, el pudor, los "juegos sexuales" y sus posibles errores, las preguntas que son más típicas y frecuentes en cada período evolutivo, las diferencias entre el niño y la niña, el desarrollo de la identidad sexual.

Aquí nada se ahorra al lector, como tampoco nada se da por sabido. Tal vez por eso no se vuelva la espalda a cuestiones un tanto delicadas como la unión sexual, el parto, la masturbación, la prevención de la homosexualidad, el consumo de drogas y alcohol, el riesgo del sida, el así llamado "sexo seguro", las amistades, la sociabilidad y la socialización, las relaciones prematrimoniales, el noviazgo, la fidelidad, los "secretos" para triunfar en el amor, la comunicación conyugal.

Otro de los aciertos de este texto es el realismo de que parten sus autoras, tal y como se pone de manifiesto en las abundantes preguntas y respuestas con que se ilustran las explicaciones, así como los sugerentes consejos que se ofrecen a los lectores.

Son muy sugerentes también los fragmentos seleccionados de algunos diarios de adolescentes, que de seguro han de contribuir a que los padres "puedan ponerse en los zapatos" de sus hijos, para desde allí tratar de entenderles mejor.

El equipo de las cuatro coautoras que han intervenido en el diseño y redacción de este libro está muy bien equilibrado. Aunque cada una de ellas cultiva una disciplina diferente —lo que permite calificar a este texto, con toda justicia, de multidisciplinar— y en diversos países —internacionalidad—, no obstante, coinciden en dos características que les son comunes: la dedicación a la docencia universitaria y la excelente formación filosófica de todas ellas. Los *curricula* de todas ellas certifican lo que se acaba de afirmar, a la vez que avalan, en modo más que suficiente, lo que se sostiene en este texto. Estos son sus nombres: Rosana Muñoz Parada, Isabel Margarita Diez Arriagada, Ana Isabel Larraín Sundt y María Elósegui Echazo.

No ha debido ser fácil coordinar un equipo así. Pero aún hay algo más difícil: el hecho de que a pesar de la interdisciplinaridad y el multiculturalismo de sus autoras, el texto, sin embargo, sea muy coherente y esté bien vertebrado. Tan es así, que el contexto en el que aquí se trata la educación de la sexualidad es muy amplio, amplitud que en muchas ocasiones atiende también a otros muchos aspectos de la educación general.

Es bueno que esto sea así, pues no conviene especializar la educación sexual ni mucho menos considerarla como un ámbito fragmentario e independiente de todo lo demás. Esto es precisamente, en mi opinión, lo que debiera evitarse; y aquí, desde luego, que venturosamente se ha evitado. La vida de la persona es forzosamente unitaria, como exige su unidad y unicidad. De aquí que la unidad de vida sea una consecuencia obligada.

Quien este prólogo escribe está persuadido de que muchos padres se atreverán a partir de ahora a conversar con sus hijos más y mejor, y también –¿por qué no?– en lo referente a la sexualidad. Algunos de ellos comprobarán al atreverse –entre pasmados y agradecidos–, que estaban mejor preparados para esto de lo que pensaban. Y al educar, aprenderán.

Así las cosas, al aumentar los conocimientos de sus hijos, ellos mismos aumentarán sus propios conocimientos; al afirmar a sus hijos resultarán ellos mismos afirmados como padres; al hacerles ganar a sus hijos ese "plus" de felicidad, ellos mismos serán más felices. ¡Es bueno atreverse y comenzar a hacer lo que es una exigencia para la que se está naturalmente preparado! Es el modo de que todos ganen y nadie pierda.

En definitiva, con esta publicación se ofrece a los padres un excelente recurso, que de seguro ha de facilitarles su tarea como educadores de sus hijos en la sexualidad y en otros muy diversos ámbitos del comportamiento humano.

Por eso ha sido para mí un regalo –créanme– la lectura de este manuscrito, del que tanto he aprendido. Se me ha hecho también un alto honor –un honor inmerecido–, al invitarme a redactar estas líneas de presentación, invitación a la que estoy respondiendo con tanta torpeza.

En cualquier caso, lo que importa no es lo que yo pueda decir en el prólogo, sino lo que se dice en este libro, páginas adentro. Esto es de mucha utilidad incluso para los hijos, niños y jóvenes, es decir, para los protagonistas del diálogo padres e hijos. Por eso, su lectura la recomiendo principal y encarecidamente a padres, educadores, médicos, psicólogos, psiquiatras y cuantas personas, deseosas por aprender un poco más, tengan la inquietud del estudio de estas cuestiones.

Aquilino Polaino-Lorente
Catedrático de Sicopatología
de la Universidad Complutense
de Madrid, España.

# La razón de ser de este libro

Todos sabemos que los padres tenemos una función irremplazable en la educación de nuestros hijos, de hecho esta verdad es reconocida por la Declaración Universal de los Derechos Humanos al establecer el derecho de los padres a educar a sus hijos, lo que incluye ciertamente las materias sexuales en este proceso.

Igualmente todos sabemos, y especialmente lo sentimos así los padres, que "nadie nace sabiendo". Por lo mismo es necesario aceptar que uno como padre debe aprender y formarse para educar a los hijos de la mejor forma. Y esa formación incluye la sexualidad.

Con este libro queremos ofrecer un material comprensible que motive a los padres y adolescentes a interiorizarse en el tema. Especialmente en consideración de que los padres debemos enfrentar con decisión y claridad las conversaciones planteadas por nuestros hijos respecto a este tema. Conviene aclarar este punto, porque es muy común esperar que sean las escuelas, los que aborden y desarrollen el tema. Como padres tenemos la misión de preparar lo mejor posible a nuestros hijos para la vida. Esto significa concretamente que conozcamos lo que pasa a nuestro alrededor.

En la actualidad la educación de la sexualidad, en su verdadero y pleno significado cobra una especial importancia. La realidad que se nos presenta se podría caracterizar así: en los últimos veinte años ha habido actos de violencia sexual y constituyen un grave problema las enfermedades de transmisión sexual y el embarazo adolescente. Esta situación debiera orientarnos respecto a qué formación dar a nuestros hijos.

Los padres además somos reconocidos como los principales responsables en el cuidado de nuestros hijos. Lo que implica interesarnos por ellos y por lo que estén viviendo. Por lo mismo no podemos caer en la simpleza indiferente de pensar que "todos salen adelante igual" o que "esto ya va a pasar". Nuestros hijos necesitan que los cuidemos y que les ayudemos a vivir su sexualidad de forma sana e íntegra. Lo que significa que se debe educar a los niños de ambos sexos en el respeto mutuo y ayudarlos a conocerse y a conocer a las personas del sexo contrario para entenderse y relacionarse mejor.

Como padres también debemos atender a la información que reciben fuera de nuestra casa ya que mucha de esa información es errónea o limitada. La "educación sexual" generalmente se orienta en el desarrollo de determinados aspectos específicos (contenido biológico y técnicas preventivas) sin profundizar en la afectividad de las personas. Así se termina por separar el sexo del amor y de la capacidad procreativa y finalmente separan el cuerpo del alma.

Esta consideración es más importante cuando existen políticas antinatalistas que se presentan igualmente desconectadas de las implicancias que conllevan por lo que terminan por desorientar. Respecto a esa situación se necesita tener claridad y saber cuáles son los principios que deben orientarnos.

El hombre está llamado a vivir en la verdad y en el amor. Esto se realiza dándose a otros a través de la entrega de sí mismo. Por esto se debe educar al hombre y a la mujer para comprender su propia sexualidad y la del otro. El objetivo es que comprendan que existen diferencias entre ser hombre y ser mujer y que la identidad sexual, femenina o masculina, es parte íntima y profunda de la persona humana. Lo que implica ayudarlos a conocerse, comprenderse, aceptarse y desarrollar sus fortalezas y trabajar sus debilidades. Y sobre todo a hacer propio el significado que tiene la sexualidad y a fortalecer la voluntad: que será el único camino para poder decidir con libertad.

Al educar a nuestros hijos es muy importante considerar que cada niño presenta un nivel de madurez y desarrollo diferente. Por ejemplo, la psicología diferencial nos demuestra que las niñas maduran antes y que, dentro del mismo sexo, el nivel de madurez varía. Por eso la información sobre la sexualidad debe ser gradual y acorde a los ritmos psicológicos del niño, del adolescente y del joven.

Sabemos que la educación de los hijos no es fácil y se complica más si queremos hacerlo bien, y además "nadie le ha enseñado a uno a ser padre". Nos damos cuenta de que el mundo es cada vez más complejo y diverso y en consideración a esto es que se hace más importante insistir en lo que ya dijimos "uno debe formarse para educar". Es importante también reflexionar sobre cada niño, conocerlo en forma profunda en sus cualidades y defectos.

Plantearse metas individuales con cada uno. Rectificar los caminos errados. Conversar sobre las dificultades en conjunto, padre y madre. Vencer el temor de pedir ayuda si nos sentimos superados por la situación. O si sucediera que faltase el padre o la madre, buscar un buen consejero.

Finalmente, pretendemos que el contenido de este libro sea un llamado a educar la afectividad y la sexualidad de nuestros hijos en sus distintas etapas. Por eso partimos desde edades muy tempranas y terminamos con el noviazgo. Pensamos que este libro además de entregar conceptos útiles para las distintas edades, aporta ideas sencillas, que los padres podrán usar, complementándolas en cada caso.

## Capítulo 1
## Padre y madre somos educadores

# Capítulo 1
# Padre y madre somos educadores

Como padre y madre somos educadores de nuestros hijos y como tales es necesario entonces que tengamos claros algunos puntos.

Primero nos preocuparemos de la educación de la sexualidad de nuestros hijos, porque la sexualidad es un aspecto tan importante como la personalidad de nuestro hijo. Y la importancia de la sexualidad radica en que es la dimensión que nos permite alcanzar la plenitud como personas, que nos permite salir de nosotros mismos y querer libremente encontrarnos con el otro.

Por eso, los padres somos insustituibles al momento de transmitir de forma personal, única y delicada lo referente a la sexualidad, respetando las características propias de cada hijo.

Educar la sexualidad de nuestros hijos es un deber y un derecho al mismo tiempo. Porque somos padres, tenemos el derecho de educar. Y porque la relación de amor que establecemos con ellos es única (de disponibilidad, desinterés y confianza) nos obliga a asumir esta tarea. Este derecho –deber de los padres se califica como esencial, original, primario e insustituible–. Por esta razón no podemos delegarlo en otros, aunque sí podemos buscar la ayuda de otros. Como padres tenemos que recuperar la confianza en nuestras propias capacidades para realizar esta tarea.

Dada la importancia de la sexualidad y nuestro derecho y deber como padres, no se discutirá que el mejor lugar para dar esta educación es la familia. Ya que es aquí donde se conoce a los hijos profundamente, es el lugar donde el niño debe sentir seguridad y confianza para preguntar. En la familia, con naturalidad y delicadeza, los hijos son iniciados en el sentido profundo de la sexualidad, al servicio del amor y de la vida.

Por eso debemos tener claro que aquello que nos rehusamos a explicar a nuestros hijos en el momento en que ellos lo piden, les deja un vacío que puede ser llenado por las ideas de amigos que tienen las mismas inquietudes, revistas o videocintas de contenido pornográfico o por la información proveniente de distintos lugares y personas ajenas que desconocen la forma de ser de nuestros hijos.

Al ser la familia el mejor lugar donde se puede formar la sexualidad de los niños se deja entrever que el mejor momento de educar es el cotidiano: con el ejemplo, con respuestas o con la motivación de ciertas actividades. Es en el día a día donde se resuelven las pequeñas y grandes preguntas de los hijos, aunque no se cuente más que con la propia experiencia para ello. El momento para educar es el paseo del fin de semana, la caminata del domingo en la tarde, al comentar algo visto en la televisión, escuchando música. Se debe evitar el error de educar sólo cuando se castiga.

Para que nuestra labor educativa tenga solidez debemos educar de acuerdo a nuestras propias convicciones morales y religiosas. La coherencia entre las palabras y la conducta es lo que da credibilidad a nuestras enseñanzas y es también un deber, que hace necesario buscar la formación adecuada para asumir esta tarea.

Sabemos que la formación de nuestros hijos en este aspecto es fundamental para sus vidas y que, por lo mismo, es fundamental nuestra propia formación al respecto. Sin embargo no puede desconocerse que la tarea presenta dificultades.

En la actualidad se valora el diálogo con nuestros hijos y todo el mundo está de acuerdo en que para esto se les debe dedicar más tiempo. Principalmente porque debe formarse un ambiente en el que haya confianza para que nos cuenten sus cosas y se sientan acogidos porque saben que los escuchamos.

Este clima afectivo de seguridad y confianza debe respaldarse con otra de nuestras tareas y es que como padres debemos siempre dar respuestas, aunque en algún momento dado esa respuesta sea "no lo sé"o "lo averiguaré".

La carencia de información puede hacer que las relaciones con nuestros hijos se vuelvan inseguras, debido que uno no se siente capaz de responder a determinada consulta. Si no ponemos en práctica la intención de formarnos, de buscar consejos o apoyo para enfrentar eficientemente los cuestionamientos de nuestros hijos, ellos buscarán respuestas en otros lados.

El hecho que como padre no se tengan las respuestas o los mejores ejemplos para transmitir, no significa que no podamos educar para la plenitud. Al contrario, el enfrentar nuestras debilidades (tratar de superarlas) puede ser una gran fuente de formación para que nuestros hijos enfrenten sus propias carencias.

Algo que debemos resolver es el tiempo que se dedica a los hijos, que en ocasiones es poco. Podemos no darnos cuenta de esto ya que en general no planificamos el tiempo de dedicarnos a los niños. Pero es necesario considerarlo detenidamente si pensamos que hablar de sexualidad requiere de un tiempo y un espacio tranquilo en el que se pueda hablar francamente y escuchar activamente. Es necesario sentir este espacio como algo importante para la relación padre e hijo.

Ya que hemos hablado de la importancia de enfrentar el tema, de la propia formación que debemos tener y el clima para tratarlo, es importante que sepamos que hay algunas cosas que es conveniente evitar.

Por ejemplo, transmitir información sexual descontextualizada de la afectividad y del respeto a las personas. Lo que hace que se vulgarice o se simplifique, presentándola erróneamente.

Otro punto es considerar la educación en grupo, ya que sucede, a veces, que a algunos niños se les plantean problemas que nunca se hubieran planteado de otro modo. O, por otra parte, que sus dudas no se aclaren adecuadamente, porque no se atreven a preguntar por miedo a quedar como ignorantes frente al resto de la clase.

Unido a esto es importante evitar exponer información que no se nos ha pedido. La información prematura puede provocar desorientación, turbación, resistencia, preocupación y desorden en el niño. Al respecto también se debe cuidar que los ejemplos que presentamos sean oportunos y claros y no extraños, ya que le quitan naturalidad a la conversación.

Lo anterior nos lleva a plantearnos positivamente la forma de dar. En respuesta se puede decir que lo mejor es ser naturales, sencillos y directos. Que se entrevea una real y sincera admiración por la belleza del ser hombre y del ser mujer. Tratar de mantenernos positivos y prudentes.

Es muy frecuente que los niños inicien las conversaciones con motivo del embarazo de su mamá: "¿Quién lo va a traer?, ¿qué quieres que sea: hombre o mujer? o ¿qué tienes dentro de la pancita, mamá?" En este caso éste es el momento preciso para iniciar el tema y explicarle al niño lo que significa el embarazo, siempre en su propio nivel.

En otras ocasiones y a propósito de alguna conversación o de algo que se ha visto en televisión, uno de los niños pregunta delante de sus hermanos "¿qué es un condón?" En esta situación lo mejor es ver si la pregunta es de interés común para contestar a un nivel general, pero con naturalidad que "es un método poco efectivo de controlar el sida". En un caso así es importante continuar luego la conversación con quien planteó el tema, con preguntas como: "¿dónde escuchaste esa palabra?, ¿te quedó claro, lo que es o te interesa saber más sobre el tema?"

Uno debe tener presente que los niños siempre cuentan con algo de información, ya sea por las campañas de preservativos, carteles, teleseries o anuncios de la televisión. Por lo mismo, más vale explicarles debidamente lo que han querido decir con esa publicidad, campaña o comentario.

## Tratando a los hijos "íntimamente"

La información, con niños menores de 10 años, debe ir a contestar las preguntas de forma sencilla y directa. Sin ponerlos fuera de contexto o hacer algo que le haga sentir que lo que está preguntando es distinto o molesto para los papás. La idea es contestar de igual modo como se le contestan otras preguntas. Es decir, no darle mayor dimensión de la que tiene para el niño, ésta es una más de sus múltiples preguntas y así se le debe contestar, de modo simple, directo y sencillo.

A continuación se presentan algunas de las preguntas más frecuentes. Las respuestas pueden servir de ejemplo, pero se debe recordar que es necesario adaptarlas a nuestros hijos:

1. *¿De dónde salí yo, mamá?*
   Saliste de dentro de mí.

2. *¿De dónde vienen los niños?*
   Los niños vienen del vientre de la mamá, donde crecen poco a poco. Cuando ya están grandes nacen los bebés. Para esto la mamá se va al hospital para que el médico le ayude a que el niño nazca.

3. *¿Dónde estaba dentro del vientre?*
   En un lugar que tenemos las mujeres que se llama útero. Es una parte especial para cuidar y proteger al niño. Ahí puede crecer, estar abrigado y bien alimentado.

4. *¿Quién me metió dentro?*
   Dios hizo posible que al juntarse la semilla del papá, que se llama espermatozoide, con la semilla de la mamá, que se llama óvulo, dentro de mi vientre se formará un ser humano. Ese bebé eras tú que, al principio, eras tan chico que nadie te podía ver.

5. *¿Por dónde entraron los espermatozoides, mamá? ¿Vuelan o te los tragaste?*
Nada de eso. Los espermatozoides tienen su propio camino para entrar al vientre de la mamá, al útero. Este camino especial se llama vagina. El papá pone los espermatozoides dentro de la vagina de la mamá. Estos son muy, pero muy pequeños y tienen una colita que mueven y eso los hace avanzar para luego juntarse con el óvulo de la mamá y se forma una nueva vida, un nuevo niño, un nuevo hermano. El papá y la mamá hacen esto, porque se quieren mucho y quieren estar como si fueran uno solo.

6. *Papá, ¿los papás hacen a los niños igual como el perro con la perra, o el toro con la vaca?*
No, es absolutamente distinto. A los perros, Dios los mandó programados para hacerlo, no eligen con quién ni cuándo, no forman una familia, ni se quieren. El hombre, en cambio, decide con quién casarse, y los papás, porque se quieren, desean estar para siempre juntos y formar una familia, donde se quieran y se ayuden. Deciden entre los dos cuándo tener sus hijos, los reciben juntos y los cuidan y les dan amor los dos.

En los animales no existe nada de esto, ellos se juntan sólo como un medio de tener más animales iguales que ellos. Una vez que se valen por sí solos, los olvidan y ni siquiera se acuerdan que son sus hijos. Las personas no somos así, ya que no nos olvidamos de nuestros hijos que son expresión de nuestro amor.
En los niños mayores de 10 años se nota un interés relacionado con su propio desarrollo. Una pregunta incipiente

puede ser la ocasión para decirle más detalladamente lo referente a su crecimiento corporal y desarrollo psicológico. Es el momento para conversar sobre la sexualidad humana como misterio sagrado y sobre los valores espirituales del amor y la fecundidad. Así se evitará que los niños se asusten, sorprendan o incomoden con los cambios que se aproximan.

Por otra parte, al no estar totalmente activos sus impulsos sexuales, el niño está más abierto a recibir la información de un modo espontáneo y natural. Algunos padres pueden intercambiar con sus hijos las experiencias personales que recuerden de esa edad. Por ejemplo, a las niñas hay que explicarles con tiempo que van a tener la menstruación, en especial, si se nota que están maduras físicamente, para que no ocurra que cuando se produzca, no sepan nada.

En estas conversaciones, el niño debe tener la sensación de que damos suficiente tiempo para aclarar todo tipo de dudas. Porque hay niños más tímidos, que tienen menos confianza, otros han tenido información poco clara y pueden tener vergüenza o susto de hablar de algo que les pareció "sucio" o "raro".

Si los padres observamos en el niño indicios biológicos de que ha comenzado su desarrollo, o cuando en forma indirecta nos damos cuenta que está inquieto por el tema: una revista que se le pega en las manos, meterse en las cosas de la mamá, instalarse cerca para escuchar a los padres, mirar con detención a parejas o predilección por telenovelas, es el momento de hablar con ellos, lo planteen o no, preparando la ocasión. Se les puede convidar a dar un paseo solos, o que nos acompañen a comprar, o hacer un viaje corto que dé oportunidad de conversaciones sin interrupciones.

Hay que buscar el momento apropiado para comenzar a descubrir qué es lo que les inquieta. Las primeras veces que se toque el tema, sería conveniente que el padre de igual sexo, en forma paulatina, con discreción y cuidado se gane la confianza del hijo y luego de lograrlo podrá hablar con más naturalidad sobre esta materia.

También es útil ayudarnos con algún libro con dibujos o ilustraciones del aparato reproductor o del embarazo. Tener en cuenta que siempre es más traumático enterarse de estas cosas por primera vez en la escuela o por un amigo, además al niño le da rabia no haberlas sabido antes, o se siente disminuido frente a sus amigos(as) que ya las saben y se hacen los mayores delante de él.

Algunas casas comerciales ofrecen materiales como videocintas que tienen explicaciones neutrales. Si se van a ver es bueno estar junto a los hijos, teniendo en cuenta que siempre los padres debemos revisar su contenido antes.

## ¿Hay requisitos de los padres para educar en el amor? Sí, y varios

### 1. *Debemos preocuparnos de la educación de los hijos*

Hombres y mujeres somos diferentes, tenemos distintas formas de mirar la realidad. A los hombres y a las mujeres nos pasan cosas diferentes. Al comienzo los hijos preguntan a cualquiera de los dos. Al llegar la edad escolar suelen preguntar al padre de igual sexo. Cercano a los cambios de la pre-pubertad es más indicado que el padre de igual sexo conteste las preguntas e inicie la conversación.

Más adelante serán ambos padres los que conversen los diferentes temas con los jóvenes. Puede servir de ejemplo lo siguiente:

- Una joven de quince años le pregunta a su papá: ¿Cómo se sabe cuándo un hombre quiere de veras a una mujer?
- Un joven que recién empieza a enamorarse le pregunta a su mamá: ¿Qué crees que le regale en el primer mes de novias? ¿Qué es romántico para la mujer?...

## 2. Debemos estar preparados para responder a las preguntas de nuestros hijos

En cada edad de nuestros hijos las exigencias son distintas, y debemos estar preparados para enfrentarlas con éxito. Lo siguiente nos puede servir de pauta.

- Ponderar y llegar a acuerdo sobre qué consideramos importante transmitir, a cada hijo por separado y en cada ocasión.
- Reflexionar sobre qué esperamos de nuestros hijos.
- Recordar algunos términos biológicos.
- Disponer de material y libros es muy importante, incluso ver con ellos los libros de texto que les enseñan en la escuela en ciencias naturales. Así van juntos, lo que oyen en la escuela y las explicaciones de los padres.

## 3. Debemos ser modelos atractivos para nuestros hijos

Se educa con el testimonio. En la educación del amor los padres debemos ser modelos válidos para nuestros hijos:

- Debemos ser coherentes entre lo que se dice y lo que se hace.
- Debemos ser atractivos, esto no significa vestirse como ellos, ni hablar como ellos, sino reflejar un modelo adulto que valga la pena imitar por sus valores, por sus acciones, por su preocupación por los demás.
- Debemos ser auténticos, siempre la verdad primero.
- Debemos ser confiables, no revelar los secretos que se nos confían ni publicar –a modo de chiste– alguna pregunta o travesura de los niños.
- Debemos confiar en nuestros hijos. Dará mejores dividendos aunque a veces los padres sepamos que los hijos han faltado a la verdad, o la han contado a medias o simplemente nos han engañado.

### 4. Debemos ser respetuosos con nuestros hijos

El respeto tiene que ver con darle un espacio y un tiempo al hijo para hablar. Ofrecer en ese momento prioridad, seriedad y dedicación.

Si por algún motivo se presenta algo muy urgente, comunicarle nuestra intención: "tengo que atender esta urgencia, pero me interesa seguir conversando este tema sobre el que me preguntaste". Y en la primera ocasión, plantearle al hijo el asunto que está pendiente.

### 5. Debemos aprender a dialogar con nuestros hijos

Para poder dialogar lo primero es saber escuchar y esto implica:

- Tener presente que en la comunicación está en juego el lenguaje verbal y el no verbal (gestos, posturas, distancia interpersonal, miradas).
- Dar tiempo para que nuestro hijo se pueda explicar bien.
- Saber descubrir en cada frase, gesto, mirada o postura qué es lo que nuestro hijo nos está tratando de comunicar.
- No descalificar.
- Ayudarlo con frases como: "A ver, aclárame más". "Te noto preocupado". "Cuéntame todo lo que te preocupa". Aprovechar de conversar más cuando nos cuentan algo que les llamó la atención; por ejemplo, "Papá, el otro día en la fiesta pasaron cosas raras." Para ampliar la información podemos abrir el diálogo y preguntar "¿Qué cosas te llamaron la atención?", no cerrar el diálogo contestándole "Te dije que no era conveniente que fueras a esa fiesta", porque esa respuesta cierra el diálogo.

El diálogo implica intercambio entre dos. Si algo nos preocupa, es bueno obtener todos los antecedentes primero y luego manifestar la preocupación al hijo. Lo importante es conversar para que se dé un diálogo, no un monólogo, ni tampoco un discurso teórico.

## ¿Es conveniente pedir ayuda a otros?

Muchas veces estamos solos en esta misión y necesitamos el apoyo de otros. Frente a esto hay que estar muy conscientes de nuestro rol como padres, asumiendo que es nuestro deber-derecho el dar educación sexual a nuestros hijos. Cualquier persona ajena a la familia que intervenga en esto debe hacerlo con la autorización de los padres.

Cuando profesores o educadores o asociaciones de padres colaboren en dar esta educación debemos informarnos en forma detallada de los contenidos que entreguen y del método que usen. Es importante, por ejemplo, tener acceso a los programas y siempre tendremos derecho a estar presentes durante las sesiones educativas. Como criterio general, todo aquello que se refiera a los aspectos más íntimos de la sexualidad corresponde a la formación individual de cada hijo, en su familia.

**Capítulo 2**
**La sexualidad como dimensión íntima de la persona**

# Capítulo 2
# La sexualidad como dimensión íntima de la persona

La sexualidad como dimensión íntima de la persona, no como algo externo, se refiere a su núcleo mismo, es algo que progresivamente se va descubriendo, **va tomando cuerpo en la mente.**

La sexualidad es un componente básico de la personalidad, es un modo propio de ser, de manifestarse, de comunicarse con los otros, de sentir y expresar el amor humano.

El cuerpo no debemos considerarlo como un objeto material, pues es parte de la vida entera, es una expresión de la vida entera de mi YO, es el vehículo de la vida interior.

## Somos personas desde siempre

Hoy los "grandes problemas" que "sufren" las personas son producto de la falta de intimidad y de la superficialidad con la que viven, estamos sumergidos en una carrera hacia el poder para tener, o tener para el poder. Pocas veces se encaminan hacia el interior de las personas. No es extraño escuchar "la muerte de mi hijo me cambió la vida, me hizo crecer como persona, madurar"; "ahora sé lo que es importante"; "tomaré las cosas con más calma y le daré más tiempo a los que quedan". Ciertamente el aprendizaje vía trauma dura poco en la memoria.

Tenemos que aprender a crecer como personas desde que somos personas.

La intimidad es UN DENTRO que crece, del que brotan realidades nuevas, planes, ideas, contacto con otros. La intimidad es lo que más nos define como personas, es poseerse a sí mismo. No se manifiesta orgánicamente, sólo se conoce mediante el lenguaje o mediante la conducta.

## La intimidad es el centro de nuestra vida personal

La intimidad es la que da continuidad, sentido e identidad a nuestra vida. Si cuidamos nuestra intimidad nunca diremos ¡mi vida no tiene sentido!, o nos preguntaremos, ¿qué sentido tiene mi vida? Ya que procuramos trabajar silenciosamente formando la respuesta que está oculta en nuestro ser.

La persona superficial encuentra el mundo un lugar hostil, un campo de batalla donde deberá defenderse y resguardarse de los demás seres. La persona insegura es agresiva, poco tolerante, desconsiderada. Ciertamente su personalidad está concebida como un arma con la cual aplastará a los demás.

La intimidad se debe comprender individualmente, es "única e irrepetible" como la persona que es su dueña. Nadie puede ser el yo, "que soy yo". De ella surgen las características propias de nosotros como persona: "decidir con libertad", "darse y recibir de los demás" en una palabra, la intimidad nos constituye un "ser social" distinto dentro del grupo.

Sólo en el cuidado de nuestra intimidad, en el desarrollo de una rica intimidad, nacerá una voluntad sana, propia, lograremos ser dueños de nosotros mismos y realizaremos actos conscientes, libres y queridos.

## Debemos ser auténticos

Ser auténtico no es hacer en forma espontánea todo lo que brote de nuestros sentimientos, sino es realizar el proyecto de vida para el cual fuimos creados.

Conocemos que somos auténticos cuando reconocemos que estamos entregando algo que hemos extraído de nuestra intimidad, cuando damos algo valioso que es propio y que nació secretamente de nuestra alma, cuando libremente sonreímos frente a un acto sencillo, excento de complejidades, ese acto libre y auténtico se llama amor.

¡Ayudar a los demás hace feliz! ¡Dar al prójimo, hace bien! Pues, a eso vamos.

## Debemos valorar a los demás, por lo que son

En la medida que crece el intercambio con las demás personas, la intimidad se hace más rica, y por sobre todo **cuanto más doy recibo mucho más,** ciertamente no estamos hablando de la dimensión material de "dar" sí lo estamos haciendo en su aspecto espiritual, dar alegría, compañía a los enfermos, ánimo a los cansados, aliento a los tristes.

Veamos el caso de un profesional que esperaba en la fila de una oficina pública. Cuando llegó su turno se enfrentó con la triste y agotada sonrisa del funcionario que debía atenderlo, sin querer se dio cuenta que sobre su mesa estaba el fascículo de una publicación para coleccionistas de estampillas, sin dudarlo se lo hizo notar diciéndole que compartía con él la misma afición y que ese texto era muy interesante y muy escaso, que era para especialistas y que lo felicitaba, inmediatamente al funcionario público se le iluminó la cara y continuó trabajando feliz. Lo que había descubierto el funcionario es que alguien compartía su intimidad, lo que había hecho el profesional era haberse dado cuenta que ese funcionario por sobre todas las cosas era una persona y que tenía una intimidad parecida a la suya "ambos gustaban de las estampillas", dieron salida a su intimidad, fueron libres de las funciones que desempeñaban.

El dar o mostrar la intimidad es un acto esencialmente libre y voluntario al que nadie nos puede obligar. El tesoro mejor escondido lo llevamos dentro, a nadie se le puede quitar su intimidad, voluntariamente la vamos entregando a los demás.

Nos toca preparar, equipar y fortalecer a los hijos para que sean dueños de su intimidad. Ciertamente cuando ya la tengan podrán empezar a compartirla.

## "Vestirse" es una forma de comunicarnos con los demás

Tenemos espontánea tendencia de protegernos de las miradas extrañas, de cubrir el cuerpo propio. Al vestirnos nos distinguimos de los otros, "vestirse" es un lenguaje que comunica mucho más de lo que parece, con toda precisión declara públicamente nuestro "dentro", expone sin reserva cómo somos.

También podemos pensar que no coincide el temor a quedar descubiertos con la osadía con que se muestra el cuerpo. Como, por ejemplo, la moda de las transparencias, "gente desvestida" que se sobrexpone con toda facilidad.

La belleza y la elegancia en la forma de vestir son siempre síntomas del pudor. Es verdad que las costumbres van cambiando pero hay siempre un límite real entre lo decente y lo indecente, se reconozca o no.

Las mamás debemos cuidar el modo de vestir, no caer en el "no querer crecer" y vestirnos como jovencitas, cuando ya no lo somos tanto, exhibiéndonos para ser más atractivas. ¡Qué mal ejemplo daríamos a nuestras hijas, compitiendo con ellas por las miradas de los hombres!

## ¿Por qué debemos proteger y vestir nuestro cuerpo?

Para entender por qué hay que proteger nuestro cuerpo, es importante tener en cuenta que el cuerpo humano goza de sorprendente poder expresivo, especialmente en los ojos, donde ese poder se hace sumo. Los ojos son como las ventanas del alma. Nos permiten asomarnos y contemplar el mundo que nos rodea y nos ofrece la posibilidad de asomarnos al interior del alma de nuestros semejantes. La mirada por ejemplo juega un papel primordial en el enamorarse.

Las manos también tienen su propio lenguaje, pero en menor grado. Dar la mano a un amigo es un modo de expresarse. Cuando uno quiere que lo ayuden, dice "Dame una mano". Los pies, por ejemplo, tienen una expresividad más limitada a su función: caminar.

Algunas zonas de nuestro cuerpo poco expresivas, poseen un alto grado de significado. Es por eso que se cubren para no dar señales ni mensajes equivocados a quienes no corresponden.

## "Hablar" nos muestra a los demás

Otra forma de exteriorizar la interioridad es a través de las palabras. La palabra nació para ser emitida y comprendida. Lo íntimo se hace público. Es indispensable tener el control sobre lo que se habla, porque es así como demuestro "**quién soy**".

Evitar la violencia doméstica. Si el padre trata mal a su mujer, es probable que los hermanos traten mal a sus hermanas y luego a sus novias y luego a sus mujeres cuando se casen. Ciclo de violencia.

La violencia con las mujeres denota una falta de comprensión de la igualdad entre hombres y mujeres. Es frecuente que la violencia física, termine siendo violencia sexual y matando el amor, incluso entre adolescentes cuando no reciben la información sexual en el contexto adecuado, es decir con una verdadera explicación de la relación simétrica entre los sexos.

Muchos padres se hablan a garabatos, si bien es una forma verbal usada, también es un signo de agresión velada, desprecio, desconsideración. Es importante cuidar qué se dice, cómo se dice, a quién se lo dice y en qué momento se dice, es decir cuidar el contenido, la forma, la fuente y la ocasión.

El "conversar con otros" es una necesidad. La televisión pareciera arreglar la situación de aquellos que no tienen con quien compartir, pero lo hace en forma superficial. La falta de diálogo, la falta de habilidad para compartir lo propio y recibir lo de los demás, genera los mayores problemas entre las personas que se quieren: matrimonios, familias y amigos terminando por destruir el amor.

## Una personalidad se enriquece con la intimidad y el pudor

La reserva de la intimidad o pudor es un sentimiento natural, que está sabiamente puesto en nuestra naturaleza, para que lo convirtamos en una virtud, que protege lo noble de nuestro ser. Protege porque pone al resguardo de curiosos nuestra intimidad. Además perfecciona porque nos da espacio para mirar hacia adentro.

Allí donde hay intimidad surge el pudor, la intimidad se guarda, se reserva, se oculta en su propio misterio. Es distinto cuando pasa a ser de "dominio público" porque se desvanece y podría perderse de modo irreparable.

Lo íntimo equivale a lo personal. Por ello, en los ambientes íntimos es donde nos sentimos más a gusto, nos manifestamos libremente sin temor a perdernos o ser mal interpretados. Hay bastantes cosas que sólo se pueden manifestar en la intimidad, porque están vinculadas a lo más hondo y profundo de nuestro ser. Si se hiciera pública nuestra intimidad nos sentiríamos violentados, pasados a llevar, como si hubiéramos perdido algo nuestro. La pérdida de las cosas íntimas equivale a perder el dominio y señorío de sí mismo. Las cosas íntimas las comparto con aquellas personas tan allegadas a mí, que pudieran ser como una prolongación de mi yo.

Cuanto más rica es una personalidad, más intimidad posee y más pudor. En cambio las personas frívolas, son proclives a descubrir su intimidad, por ser algo pobre y tener poco valor ante sus ojos.

Una persona que no tiene pudor manifiesta en público situaciones afectivas, sucesos biográficos íntimos.

## La intimidad en el hogar

La casa desde siempre ha sido una preocupación del hombre, tener un lugar seguro donde protegerse y descansar, la casa es la prolongación espacial de nuestro cuerpo.

La vivienda tiene carácter protector, estar en paz, estar protegido del daño, significa cuidado, ser acogido, estar amparado, es un lugar de compañía. El hombre construye su casa como una forma de proyectar espacialmente su intimidad, lugar donde se comparten intimidades, lugar de crecimiento.

¿Cómo son nuestras casas? ¿Son lugares que cumplen tanto para nosotros mismos como para nuestros hijos estas características? Existen casas que empujan hacia afuera y casas que aglutinan, que atraen; existen casas sin pudor y casas donde se vive el respeto a la intimidad de otros.

Tengo que saber a quién invito a mi intimidad, dónde y hasta dónde entra, sólo la sala de estar o hasta el dormitorio.

Hay que cuidar las casas para que tengan un carácter armónico y acogedor de la propia intimidad. El decorado de la casa es como un test proyectivo de nuestra intimidad.

Hay que cuidar que el hogar no sea un entrar y salir de un sinnúmero de personas, donde no hay privacidad, donde retamos en público a nuestros hijos, donde hacemos sentir mal al otro frente a extraños, o se sacan a flote defectos y carencias.

La casa debe ser un lugar ordenado, digno, limpio, donde den ganas de quedarse, estar, entretenerse y compartir, de lo contrario, se estaría descuidando la propia intimidad.

Cuando uno invita a alguien quiere que se sienta como en su casa, se hace una comida rica, se pone la mesa, acogedora, bonita, atrayente. Pero que no sea sólo en esas ocasiones que exista orden, dignidad y limpieza.

Capítulo 3
La sexualidad y las etapas del niño

# Capítulo 3
# La sexualidad y las etapas del niño

## La edad de los por qué. Niños de dos a cinco años

En esta etapa la madre es irreemplazable para el desarrollo afectivo y emocional del niño y también el padre, aunque sea de otra manera: tomar en brazos al niño recién nacido, cambiarle los pañales, jugar con el niño, tirarle por los aires. Estas primeras interacciones determinan en forma importante, la personalidad y el tipo de relación que el niño tenga con los demás. Si en esta etapa el niño ha sido querido, aceptado, acariciado, se enfrentará al mundo con una actitud positiva; será para él un lugar de interés para investigar y descubrir. Si por el contrario, es rechazado y poco querido, sentirá que el mundo es un lugar hostil, donde querer a alguien, por ejemplo, puede ser peligroso. La interacción madre-hijo y también padre-hijo es única, dinámica e irrepetible.

En forma general, podemos clasificar a los niños pequeños en tres grupos:

1. El niño fácil: de ánimo positivo, llora poco, se adapta con facilidad, cariñoso.
2. El niño difícil: de ánimo irregular, rabioso, se adapta con dificultad a los cambios.
3. El niño lento: necesita mucha paciencia de los padres, es más bien pasivo, de carácter triste, tiende a alejarse, de

adaptación lenta, requiere que el ambiente se adapte a su propio ritmo.

Sin embargo, las etapas del desarrollo se van dando en todos, con muchas semejanzas.

## Algunas cosas importantes durante los primeros 24 meses de vida

Los niños ordenan sus experiencias por medio de la vista, el tacto, el gusto, el olfato y la manipulación. Ejercitan y aprenden lo básico para poder desenvolverse en el mundo y para comenzar a interactuar con él. Su mundo son sus padres, su pieza, su comida y su casa en primer lugar. Con el dominio del lenguaje, en forma paulatina, el mundo adquiere su verdadera complejidad y el niño aprende cosas nuevas con mayor facilidad y es capaz de darlas a conocer.

## El juego es el alimento indispensable para su desarrollo

- Es una forma de conocimiento del mundo: en su fantasía, el niño maneja y ejercita la realidad, desarrolla y afirma todas las nuevas funciones y habilidades que va adquiriendo.
- Es un importante ejercicio para su pensamiento.
- Es un medio para revivir situaciones dolorosas, que le han causado pena y susto.

Por tanto, no se lo puede reemplazar por la televisión, esa niñera electrónica que le da todo listo y envasado y no contribuye a desarrollar en forma armónica ni sentimientos ni habilidades. Aunque la televisión tiene un efecto positivo sobre el lenguaje, para el desarrollo emocional del niño son mejores los cuentos, porque implican una relación entre dos, hay compromiso con otro. Cada día está apareciendo más evidencia que el niño antes de los dos años no debería ser expuesto a la televisión. Esta recomendación fue formulada recientemente por la Academia Americana de Pediatría.

Ellos recalcan la importante tarea que tenemos los padres en el desarrollo integral de nuestros hijos y que la televisión podría causar daños en el desarrollo neurológico de los pequeños. En los niños de más edad se recomienda también un tiempo reducido. Actualmente los menores en gran parte del mundo están más de tres horas diarias frente a una pantalla, ya sea viendo programas de televisión, conectados a Internet o jugando en la computadora. Se ha demostrado que estos niños suelen tener menor rendimiento escolar, problemas de obesidad, problemas de relaciones sociales, pérdida de hábitos de lectura, pasividad. También los padres debemos preocuparnos de lo que ven, puesto que gran parte de los comportamientos, actitudes, ideas y valores que ellos manifiestan provienen de lo que están observando. Los niños son excelentes imitadores. La televisión no puede sustituir a los padres: cuando se vea televisión sería conveniente que los padres estemos delante para crear un diálogo, comentar las cosas.

## Características generales de este pequeño y gran descubridor del mundo

Es como una pequeña esponja, absorbe todo del medio, a veces ni los padres se dan cuenta de cuánto sabe, y cuán interesado está por todo lo que ocurre en el exterior.

Es egocéntrico: sólo puede ver la realidad desde su propia perspectiva. No es raro oír lo siguiente: "¿Papá, por qué me sigue la luna?"

Su interacción con otros suele ser a través de monólogos: se hace las preguntas él mismo y se las contesta.

Lo inquietan aspectos concretos de la realidad: si hace preguntas se le darán respuestas cortas, directas, sencillas. Suele preguntar en forma frecuente y casi como un juego: "¿qué es eso?", es una pelota. Nuevamente: ¿qué es eso?, hasta que adquiere toda la información que requiere, se la aprende y pasa a otras preguntas.

A veces, lo hace porque hay palabras que le gustan y otras veces, porque la pregunta va un poco mas allá. Porque le falta amplitud de vocabulario, pregunta de igual forma para obtener distinta información; en el caso de la pelota, puede querer saber si da bote, o de quién es.

Con la ampliación del lenguaje el niño adquiere, de forma explosiva, un aumento de su capacidad para manejar el mundo, comprenderlo, imaginar y jugar con él. En ocasiones, entienden el lenguaje en un sentido literal, lo mezclan con la fantasía, y puede llegar a causarles angustia. Por ejemplo, "Hoy no puedo salir contigo Catalina, te voy a dejar plantada". Llanto estruendoso de la menor: "Yo no quiero que me plantes en el jardín, soy niña".

Se interesa por los cuentos, como una forma alternativa fantástica de lograr comprender y manejar el mundo. Aparecen también los deseos de conocer los orígenes de las cosas y sus preguntas, muchas veces, se dirigen a esto. Los cuentos son un buen medio para formarlos y educarlos.

Los temores variados no son raros a esta edad, porque suele confundir lo imaginario con lo real: sombras en la noche, ruidos, oscuridad, monstruos que lo acechan para comérselo. En su imaginación todo esto puede ocurrir y para él es realidad. Ejemplo: Manuela de tres años, dice "Yo no le tengo miedo a las 'bujas' (brujas)". "¿Verdad que están lejos, lejos?" No vienen nunca a las casas en las noches y si vienen las voy a matar con una escoba grande".

Realiza intentos por ser autónomo: "Yo solita o yo solito" Le agrada sentirse capaz de realizar tareas de modo independiente y ensaya nuevas habilidades.

Experimenta placer, diversión y curiosidad por todo, por lo tanto juega también con sus órganos genitales y deposiciones. Los padres no se deben asustar por esto, basta con desviarle la atención.

## Conductas observadas en los niños en relación a su cuerpo

### Se pueden presentar después de los tres años

No es raro que dentro de esta inmensa curiosidad se despierte también el interés por conocerse y conocer el cuerpo del otro, son los famosos juegos del doctor. No hay que retarlo ni exagerar la nota cuando se le sorprende en esto. El niño tiene conciencia de no estar haciendo algo totalmente bueno, por eso se esconde y cierra las puertas. Una medida de precaución es que no existan en sus grupos de juegos niños con mucha diferencia de edad, que puedan utilizar a los menores para satisfacer su propia curiosidad. Tampoco dejar nunca a los niños jugar sin vigilancia esporádica, esto evita accidentes y este tipo de juegos.

Si los niños juegan a esto con cierta frecuencia es importante que los padres no se escandalicen, pero sí que tomen algunas medidas para evitarlo. De esta forma el niño en un futuro no recordará con vergüenza algunos juegos de su infancia.

Es bueno indicarle alguna norma de pudor como por ejemplo no andar desnudo por la casa. Se podría decir de la siguiente manera: "No es bonito que los niños se desvistan cuando juegan, ¿has visto a tu papá o a mí hacerlo?, hay partes de tu cuerpo que no se muestran en público, como también hay cosas que tú las haces en privado, como ir al baño".

También en esta edad existe una ampliación y diferenciación importante de sus emociones y sentimientos. Las preguntas se vuelven más finas y más fáciles de interpretar para el adulto que está con él.

## La "edad del no"

Es un esbozo de independencia, resiste las órdenes y exigencias. Es la tan temida edad del oposicionismo. Se pone tenso, inseguro, se frustra y le da pena. Suele pedir ayuda, afecto, reconocimiento, para poder sobrellevar el miedo y la confusión. No se debe usar nunca la frase "no te quiero", o "voy a querer más a tu hermana", como medio de fuerza para lograr que hagan lo que les pedimos.

Presenta gran inquietud por conocer, explorar y experimentar distintas sensaciones. Está más expuesto a los peligros y demanda mayor atención y cuidado de parte de los padres. Estos deben limitar algunas de estas aventuras peligrosas. Comienza la edad de poner algunas exigencias y decir que no.

Es egoísta, con afán de posesión: "Esto es mío". "Es mi mamá".

A veces llega a realizar conductas agresivas con el fin de defender lo que cree que es suyo: morder, pegar, gritar.

Al término del quinto año de vida se incorpora activamente al mundo social, manifiesta abierta necesidad de estar con otros niños de su edad, ser amistoso, cariñoso y cooperador. Poco a poco se van adaptando a las normas familiares. Este período es clave para aprender la tolerancia y la generosidad.

## Algunas diferencias en el comportamiento de niños y niñas

Las niñas, en general, prefieren el juego más pasivo, donde ejercitan más el lenguaje; y los niños, el juego más activo, donde ejercitan más sus habilidades motoras. Sin embargo, suelen encontrar juegos en que todos participan, pero de forma más bien independiente, hasta llegar a los cuatro o cinco años cuando pasan a un juego más compartido.

En esta edad los niños y las niñas imitan el comportamiento del padre de igual sexo. Por lo general, ensayan estos distintos papeles y entrenan las distintas habilidades adquiridas en sus juegos.

## Preguntas típicas de esta edad

Las preguntas aparecen cuando ven a una mamá embarazada o cuando se está cambiando o bañando a su hermano pequeño. Su interés es satisfacer su curiosidad, sin ninguna intención sexual. Si los mayores le otorgamos un doble sentido y nos complicamos, el niño lo capta inmediatamente y va intentar descubrir el porqué, aumentando así su curiosidad.

Una pregunta puede ser:

*¿Por qué yo tengo colita o pene, y mi hermana no? Se le puede responder de la siguiente manera:*

Los hombres y las mujeres somos distintos. Fuimos creados por Dios con distintas tareas. ¿Te imaginas que el tenedor quisiera ser cuchara, o la cuchara tenedor? ¿Cómo nos comeríamos la sopa, cómo pincharíamos la carne? Por eso tenemos distintas formas, para poder cumplir las diferentes tareas. El hombre tiene pene que le sirve para hacer pipí y está hacia fuera y se ve. La mujer tiene uretra y vagina y está hacia dentro y no se ve.

Los niños hablan de esto con tanta naturalidad y le dan tan poca importancia, que frecuentemente olvidan parte de la explicación y vuelven a preguntar pasado algún tiempo, cuando surge una nueva oportunidad.

La naturalidad, la delicadeza y la prudencia son los elementos esenciales para contestar todas las preguntas que nos hagan, por lo tanto es importante estar preparados e informados para poderlas contestar de esta forma.

Capítulo 4
De la casa a la escuela

# Capítulo 4
# De la casa a la escuela

## De los cinco a los ocho años: la edad social

El paso del hogar a la escuela ofrece numerosas oportunidades para que el niño amplíe su campo de acción y de relaciones sociales. Se encontrará con profesores y compañeros con personalidades y estilos muy variados y tendrá que aprender a convivir con ellos, ajustarse a normas, horarios y a situaciones mucho más exigentes que en su mundo familiar.

Es una etapa de nuevos y grandes desafíos, tanto para el niño como para los padres. Es la hora de enfrentarse al mundo, de mostrarse ante los demás. Significa que el niño ha alcanzado el nivel de madurez psicológica, biológica y social que le permite incorporarse y adaptarse a la comunidad escolar. Es, por tanto, importante educar el control y el dominio de su conducta y de sus sentimientos.

La edad escolar es una etapa integrativa en la cual lo que el niño trae, se ordena en un todo armónico, construyendo la base de su personalidad.

La escuela juega un papel central en esta edad. Sus amigos y los profesores pasan a tener gran importancia en su vida. "Lo dijo mi profesor".

## Algunos aspectos importantes de esta etapa

### Necesidad de conocer, sentirse integrado

El niño tiene gran deseo por aprender cosas nuevas: a leer y escribir, el manejo de los números. Es una etapa de laboriosidad en la que requiere que se le planteen tareas desafiantes y metas concretas a conseguir. Es importante para el niño o niña lograr las conquistas emprendidas en el manejo y conocimiento del mundo. Por eso, resulta vital que obtenga logros y sea capaz de conocer sus habilidades.

### Desarrollo inicial de la autoimagen

Requiere sentirse amado y aceptado tanto por sus padres, como por sus profesores y amigos. Capaz de tener logros escolares, buenas notas. Necesita el reconocimiento directo del profesor por trabajos bien hechos y el de su familia por esfuerzos realizados. Si esto ocurre, el niño comienza a fortalecer su autoimagen y a actuar según lo que se cree capaz de hacer. Si por el contrario, es criticado frecuentemente, se sentirá poco capaz, inferior, y tenderá a comportarse de esa forma para ratificar su mala o deficitaria autoimagen.

Es importante ayudar al niño a encontrar y reconocer sus habilidades, colaborar con él para desarrollarlas y cooperar con la escuela si se presentan dificultades al inicio de su actividad escolar. Un remedio puesto a tiempo evita muchos males: la baja autoestima, la pobre socialización, el aislamiento y, en caso extremo, la depresión.

Le favorece encontrar sus habilidades, el que los padres y los profesores le indiquen sus cualidades, tanto personales como académicas y, sobre todo, las relacionadas con su interacción con los demás. Es recomendable hacer una lista de estas habilidades e ir mencionándolas cuando aparezcan, aunque no sepa su significado, ya que cuando lo descubra será doblemente reforzante y gratificador. Puede servir como ejemplo lo siguiente:

—Eres muy entusiasta.
—¿Qué significa entusiasta, papá?
—Descúbrelo tú mismo.
El niño en la escuela pregunta al profesor:
—¿Qué es ser entusiasta?
—Ser entusiasta es ser una persona que disfruta de la vida. Alegre, gozadora. ¿Por qué me lo preguntas?
—Mi papá dijo eso de mí, que yo era entusiasta.

Seguro que se sentirá feliz y no se le olvidará esa fortaleza suya.

Cuando nos veamos en la obligación de hacer notar los defectos, siempre antepongamos el verbo estar, para considerarlo algo transitorio, no como una característica fija de él o ella: "Te estás portando muy mal". Es distinto decirle eres malo (aquí pareciera no haber solución; por lo tanto el niño se seguirá portando así, como una manera de mantener una imagen negativa). El "estar" en vez de "ser", le da la posibilidad de cambio y el niño se esforzará, más fácilmente, en modificar la actitud.

Los niños como todas las personas, no son perfectos y presentan, en menor o mayor grado, alguna dificultad para integrarse o poder rendir de acuerdo a las exigencias escolares. En general se trata de:

- períodos de atención cortos
- muy movedizos
- con dificultades para aprender a leer
- muy tímidos, agresivos o miedosos.

Es importante estar atentos para diagnosticar cualquier dificultad. Así podremos tratarla a tiempo y prevenir el desarrollo de complicaciones posteriores que puedan acarrear penas, tanto para los padres como para el niño.

Los múltiples cambios que experimenta el niño, se dirigen a que, poco a poco, éste tenga contacto con más y más personas, amplíe sus relaciones, se incorpore a la sociedad y logre ser cada día más autónomo.

El niño necesita tener sus propias experiencias, pero siempre con el apoyo, orientación y protección de sus padres. No basta con ponerlo en la escuela. Los padres no pueden desentenderse de él; por el contrario, son indispensables para el desarrollo del niño.

Una relación de colaboración estrecha entre padres e hijo a esta edad, facilita mucho las cosas más adelante. Además, la mayoría de las veces, esto se traduce en una mayor motivación de los niños para estudiar y mejorar su rendimiento, crece su compromiso con la escuela y con sus amigos.

## Amigos y juegos

Es importante ir ayudando al niño a adquirir conductas que le faciliten el contacto con los demás: compañeros, hermanos y amigos. No basta con ir a la escuela para adquirir estas habilidades, es necesario que los padres cooperen con su consejo. Siempre reforzando las conductas positivas y mostrando con delicadeza aquéllas menos acertadas.

A continuación damos algunos ejemplos:

–Mamá, le pegué a Juanito porque me quitó la pelota de fútbol.

–A ver, cuéntame más.

–Tomamos la pelota de Juanito y nos pusimos a jugar fútbol con ella. En pleno partido vino Juanito, tomó la pelota, dijo es mía y se la llevó.

–¿Él estaba jugando en el partido?

–¡No, es malo para el fútbol!

–¿Te gustaría a ti que jugaran con tu pelota y no te dejaran jugar?

–Bueno, no; pero es tan malo para el fútbol.

–Pero ¿te gustaría?

–No.

–Además, hablaste con él a ver si te la prestaba?

–No; creo que sólo lo empujé y le pegué. No le pregunté nada.

El niño al ponerse en el lugar del otro, se da cuenta de su error. No hace falta retarlo ni advertirle más, ya aprendió. Es importante:

- Buscar información.
- Llevar al niño a analizar el problema intentando ponerlo en el lugar del otro, de los sentimientos del otro.
- Ayudarlo a que él saque su propia conclusión.
- No descalificar, ni espantarse, ni retarlo.

No es raro que a esta edad se separen en grupos, los hombres con los hombres y las mujeres con las mujeres. Esto es un modo de afirmar su identidad sexual. Ellas dicen que ellos son matones y groseros, y ellos dicen que ellas son gritonas, lloronas, pesadas y soplonas.

Sus juegos son cooperativos y están vertidos hacia el mundo. Es el momento de ayudar a formar los valores que les faciliten la integración a su grupo de amigos, como son: la comprensión, la generosidad, la cooperación, que son las bases de las reales amistades futuras.

## Respeto a las normas

El niño a esta edad tiene gran respeto a las normas que el medio le ha ido mostrando o que él ha ido asimilando como importantes en la interacción con los demás. Es capaz de aplicar y evaluar distintas situaciones. Diferencia claramente el juego del trabajo. Se desarrollan: la lealtad, el respeto hacia los demás y a sí mismo, la justicia, la igualdad, y el sentimiento de culpa.

Puede servir de ejemplo una conversación de dos niños en la escuela:

Pedro de 7 años ve que un compañero quiere sacar de la mochila de otro, sus escasas monedas.

Pedro: "Eso no está bien. Mi papá el otro día dijo que quien le quitaba algo a otro, sin su permiso, era un ladrón. "¿Tú quieres ser ladrón?"

Compañero: "Si son pocas".

Pedro: "Pero son de él, si las quieres, pídeselas".

Las normas, ya no son cumplidas por temor al castigo, sino como expresión de justicia.

## Identidad sexual

En este período niños y niñas continúan su proceso de identificarse con personas de igual sexo, más allá de la familia y la escuela. Imitan y reproducen características y conductas valoradas por su medio como típicamente femeninas o masculinas. Esto lo observan en revistas, diarios y, el medio más importante, la televisión. Quieren ser reconocidos como mujer y como hombre dentro de su medio social.

Hay que tener en cuenta la nueva moda de las revistas que les gusta a las niñas desde muy pequeñas sobre cantantes. Es prudente que los padres leamos lo que leen nuestros hijos.

El proceso de identificación sexual juega un rol importante en la configuración de la personalidad: integra de forma profunda aspectos afectivos, cognitivos y sociales. En este proceso el niño requiere de modelos claros y presentes. Para poder realizar esta importante tarea en su crecimiento, es imprescindible la figura de los padres como modelos. Es vital que el niño asuma como propias las características de los modelos, su forma de pensar, sentir, actuar. No se requiere de un esfuerzo especial por parte del adulto, sólo estar cerca y tener una buena relación con el niño.

## Algunas ideas sobre cómo abordar temas de sexualidad

El niño es curioso e intruso, mete su nariz por todas partes, busca explicaciones sencillas a los distintos temas y es capaz de sacar sus propias conclusiones. Es un período ideal si se plantea el tema de la sexualidad, puesto que lo asumirá con la naturalidad que corresponde.

La forma de introducir el tema puede ser revisando los álbumes de fotos de matrimonio o el de ellos de pequeños, narrando su propia historia. De este modo cada tema queda muy ligado a su persona, a la intimidad y al amor.

*Con naturalidad podemos ir explicando:*
"Así comenzaste a vivir, te hicimos Dios, tu mamá y yo".

"Para que nazca un nuevo niño los papás hacen lo siguiente: el papá y la mamá se quieren mucho y como una forma de manifestarse ese gran amor, se abrazan, se hacen cariños, el papá pone dentro de la mamá la semilla llamada espermatozoide y la mamá aporta su semilla que se llama óvulo. Si es un período fértil en la mamá, el óvulo al juntarse con el espermatozoide se fecundará y nacerá una nueva vida, un nuevo niño. Así te hicimos a ti".

Hay niños que se adelantan a su edad, a veces por el contacto con hermanos grandes, o por simple curiosidad. Esos niños suelen ir más lejos con sus preguntas. Si el niño hace una pregunta más concreta como: "¿Pero, cómo pone el papá el espermatozoide dentro de la mamá?", la explicación debe ir más detallada y completa.

*Con la misma sencillez que comenzamos se puede ir contando más sobre el embarazo:*

Cuando el óvulo se junta con el espermatozoide comenzaste a vivir y a crecer rápidamente dentro del útero de la mamá. Es un lugar privilegiado, protegido, cómodo, y tenías todo lo que querías y necesitabas para crecer sano. Al tercer mes te sentía cuando te movías. Mi vientre comenzó a ponerse cada día más grande y como al quinto mes ya se notaban tus patadas.

"A los nueve meses más o menos, estabas listo para nacer, y así se lo hiciste saber a la mamá con unos dolores. Entonces nos fuimos al hospital. Todos esperamos con inquietud y nerviosismo que nacieras. Apenas naciste, lloraste fuerte, todos dimos gracias a Dios por tenerte aquí. Te aseguro que no eras bonito, pero todos te encontramos maravilloso. Te pesaron, examinaron, midieron, algunas cosas te gustaron poco y lloraste muy fuerte. Después de unas horas te despertaste, la mamá te dio de mamar".

El niño puede preguntarse: ¿Por dónde salen los bebés?

"Los bebés salen por la vagina, el mismo sitio por donde el padre puso la semilla y que sólo sirve para esas dos cosas. Casi todos nacimos así. Algunos niños por problemas de la madre o del niño no nacen de forma natural, si no que los tiene que sacar el doctor mediante una operación y eso se llama cesárea".

*¿Cómo puede salir un bebé tan grande por un lugar tan pequeño?*

"Dios ha dotado el organismo de las mamás para que pueda dilatarse adecuadamente, al igual que el bebé, que es capaz de crecer y crecer junto con el niño, también este conducto especial por donde sale el bebé es como elástico y se agranda hasta que pueda salir el niño. Después del parto se vuelve a achicar y queda como antes".

La mamá que sabe que va tener un niño prepara un lugar y su ropita para recibirlo. Del mismo modo el cuerpo también se prepara para alimentarlo cuando nazca. Durante el embarazo crecen los pechos. Al nacer el niño, la madre ya puede darle su leche, que es el alimento perfecto para él. Cuando una mamá le da pecho a su hijo, ella como el niño se sienten muy bien, es como continuar unidos. Igual que antes de nacer, el niño se siente protegido y querido por la mamá.

**Capítulo 5**
**Los niños de los ocho a los diez años**

# Capítulo 5
# Los niños de los ocho a los diez años

Es la etapa de la consolidación de habilidades adquiridas, es el disfrutar de sus logros. Cada día se marca más claramente su personalidad y su modo de enfrentar el mundo.

## Preguntas típicas de la edad en relación a la sexualidad y sugerencias de cómo les podemos responder

*¿Qué es el acto sexual?*

El acto sexual o acto conyugal, es un momento de unión muy íntima –como muestra de su amor– entre el papá y la mamá, es decir entre un hombre y una mujer que están casados. Es un acto tan íntimo que los cuerpos de la mamá, el papá se unen a través de sus órganos genitales.

*¿Qué se tiene que hacer para que una mujer se embarace?*

Para que una mujer quede esperando un niño tiene que existir unión física entre el hombre y la mujer. Los niños no vienen del aire. Dios ha dispuesto una conducta precisa que involucre el amor, compromiso y ternura para que cada niño no llegue por casualidad, sino que llegue por una acción voluntaria de sus padres. Así los papás son cooperadores de Dios en dar la vida.

### ¿Qué significa unión física?

Unión física o acto conyugal es lo que realiza el papá con la mamá, ellos se quieren mucho, se abrazan y se acarician y el papá pone con su pene en la vagina de la mamá, muchos espermatozoides, éstos van en un líquido llamado semen. El espermatozoide es una célula pequeñita que no se puede observar a simple vista, que tiene cabeza y cola, y que se mueve rápidamente dentro de la vagina de la mamá para encontrarse con el óvulo, que es la célula que aporta la mamá. Al juntarse se forma una nueva vida, un nuevo hijo. Esto se llama fecundación, la unión de un óvulo y un espermatozoide.

### ¿Y qué sigue después?

Luego viene el crecimiento y el desarrollo que partió ese día. Cuando el óvulo se junta con el espermio comienza la nueva vida y el niño va creciendo rápidamente dentro del útero de la mamá. Éste es un lugar privilegiado, protegido, cómodo, el niño tiene todo lo que quiere y lo que necesita para crecer sano.

A esto se le llama embarazo, y dura nueve meses. Las mamás desde el principio se dan cuenta, se sienten distintas. Los pechos se harán más grandes, tendrán más sueño y a veces tendrán asco, entre otras cosas. Desde el tercer mes se nota que su bebé comienza a crecer. Como al quinto mes ya se sienten los movimientos que realiza, si uno pone la mano encima del vientre de la mamá, en ocasiones se mueve hacia un lado o hacia otro.

Con un examen que se llama ecografía, se puede ver cómo crece un bebé. Al principio se parece a una tortuga y ya al tercer mes se ve como un niño que mide sólo tres centímetros pero que está completo. De aquí en adelante crecerá y crecerá hasta que esté listo para salir. Entonces, con movimientos musculares del útero que se llaman contracciones, nos daremos cuenta de que está preparado para nacer. Es como si su cuna le quedara chica y tuviera necesidad de salir y sale normalmente con la cabeza primero.

*¿Cómo es el parto?*

A los nueve meses más o menos el bebé está listo para nacer. Comienzan las contracciones o dolores del parto, cada vez más seguidos. El dolor que siente la mamá, lo soporta valientemente por amor a su hijo.

Por donde entró el espermatozoide, la vagina, también sale el bebé, es un lugar sólo hecho para estas dos funciones. En el momento del parto la mamá "trabaja" para que el niño salga, con las contracciones. También colabora el médico y la enfermera.

Todos juntos esperan, y de pronto, en medio de los esfuerzos se comienza a ver la cabeza del bebé, señal que ya viene el niño. Primero aparece la cabeza, luego con facilidad el resto del cuerpo; como los niños vienen unidos a la mamá por el cordón umbilical, el doctor, lo corta. Al salir el niño, el médico le pega una breve palmadita para ver si reacciona llorando. Si es así sabemos que sus pulmones están funcionando y que viene bien y ahí se lo acercan a la mamá que lo toca y lo besa. A veces se lo acuestan un ratito encima para que le haga cariños ella y el papá. Lo pesan, lo examinan detalladamente, lo miden y lo lavan y le ponen su primera ropa. En general después del parto el niño queda muy despierto, con los ojos muy abiertos durante una hora más o menos y la mamá ya puede darle de mamar.

Algunos niños por problemas de la madre o ellos mismos no nacen de forma natural. Los tiene que sacar el doctor mediante una operación y eso se llama cesárea.

*¿Siempre cuando se quieren los papás puede nacer un nuevo hijo?*

No, es sólo cuando la mamá está en período fértil, es decir, cuando su cuerpo está preparado para que se produzca la fecundación. Esto ocurre una vez al mes, durante algunos días, cuando el óvulo está madurando se prepara para recibir el espermatozoide.

**Otros temas relevantes para esta edad**

A esta edad el niño tiene un pensamiento objetivo, racional, y puede llegar a fondo en los temas, posee un gran interés por conocer y entender la realidad. Esto permite que los papás respondan sus preguntas, dando explicaciones más profundas y acabadas.

## La amistad de los padres con sus hijos

Es una edad en que el niño va a buscar a su padre y la niña a su madre. Quieren acompañarlos en sus actividades, imitarlos, esto los hace sentirse seguros. Es la hora de cimentar una profunda amistad compartiendo momentos juntos, contándose secretos y otras cosas. Esta amistad tiene que ser firme para cuando vengan los vendavales de la adolescencia, la rebeldía, la crítica. Será la base para transar permisos, ser escuchados como una alternativa válida y así los padres podrán ser guías y amigos de los hijos, en las buenas y en las malas.

Es ahora cuando el niño debe establecer un fuerte lazo de amistad con los padres, los que deben ser totalmente desinteresados, francos, de un amor profundo, con conocimiento propio, con experiencia. Esto da una perspectiva especial para mirar los problemas. Los padres siempre quieren lo mejor para sus hijos.

En cuanto la escuela, no es para él un lugar nuevo, se ha adaptado a su forma de funcionamiento, conoce a la mayoría de los profesores. Conoce y maneja con soltura su cuerpo, sabe cuánto exigirle y lo que puede rendir. Por lo general ya ha adquirido el gusto por algún deporte que practica con cierta regularidad en la escuela o en el barrio.

En cuanto a los amigos ya tiene la mayoría de las veces algunos más cercanos con los cuales hace grupos y se entretiene.

Es importante en esta edad conocer bien a los amigos de nuestros hijos. Para esto los papás debemos ser generosos y convidar a los amigos de los hijos lo más habitualmente posible a la casa. Teniéndolo cerca, conocemos cómo se comporta nuestro hijo con ellos: si se mantiene igual su carácter y personalidad, si cambia, si se deja presionar por el grupo, si es firme en sus principios, qué actividades le agrada realizar en el grupo, en qué se entretiene.

También es recomendable conocer a los papás de los amigos, por lo tanto no dejemos de aprovechar las ocasiones que tenemos para compartir con ellos en paseos de curso, reuniones escolares. No nos olvidemos del dicho "De tal palo, tal astilla".

Es conveniente conversar con los hijos acerca de sus amistades y comprender, desde la perspectiva del hijo, cómo evalúa a sus amigos.

Pueden servir de ejemplo los siguientes comentarios:

"Cuéntame de cada uno de tus amigos, cómo son, cómo les dicen, qué les gusta, qué te gusta de cada uno de ellos o ellas, qué cualidades les ves y qué defectos".

"A Juan le dicen el loco". "Hace todo lo que no se puede hacer, se escapa de clase, insulta a los profesores por la espalda, fuma al fondo del patio". *(Cualquier transgresión a las normas en forma sistemática ya indica algo del niño. Hay que acordarse de que a esta edad son respetuosos de las normas que imponen los adultos.)*

"A Francisca le dicen 'piérdete una', siempre está lista para incorporarse a cualquier fiesta".

"A Pedro le dicen 'el retardado', porque le cuesta trabajo comprender las cosas".

"Cristina 'lo sabe todo', ella es la enciclopedia ambulante".

"A María Luisa le dicen 'manos largas', cuando ella viene todo se desaparece".

Los niños en la edad escolar aún no son capaces de tener todas las habilidades desarrolladas para lograr una profunda amistad, ellos no tienen amigos, solamente compañeros de juego y estudios, es en la adolescencia cuando pueden mantener una relación interpersonal. Pero al igual como se aprende a hablar, hablando, se aprende a tener amigos, teniéndolos. Desde pequeños debemos fomentar la amistad entre los niños y con mayor fuerza en esta etapa donde se sientan las bases para resistir los embates y traspiés de la adolescencia.

## Debemos ser los mejores amigos de los hijos

El peso de la enseñanza respecto de las amistades recae sobre nosotros, depende de que el niño llegue a la escuela bien dotado de habilidades y destrezas.

El método más importante es el ser modelo, que no es más que el ejemplo. Puede ser ejercido de forma directa o indirecta. Esta labor de maestro se extiende hasta que nuestros hijos lleguen a la edad de la adolescencia. Es importante que juguemos con ellos, porque en ese momento se aprende a ganar, perder, ceder, transar, cooperar, respetar.

## Padres con actitudes facilitadoras
## para ser amigos de los hijos

- Padres preocupados de cómo están las relaciones de amistad dentro de la familia.
- Padres receptivos que escuchan y que son comprensivos.
- Exigentes según posibilidades reales de los hijos.
- Capaces de ceder en sus gustos.
- Padres preocupados por realizar actividades en conjunto con la familia, donde todos la pasen bien.
- Padres que se preocupan por entender a sus hijos.
- Padres que estimulan la independencia y actitudes de valerse por sí mismos.

- Padres preocupados por compartir con sus hijos, que le dedican tiempo, que los hacen sentir importantes y queridos.
- Padres preocupados de fomentar en los hijos la fortaleza, y que buscan inculcar virtudes.
- Padres cálidos, que expresan su cariño a sus hijos, que se preocupan por ellos, que están cerca, que se interesan por sus asuntos. Los que son padres y amigos.
- Padres que se dan el tiempo para jugar con sus hijos, los que se atreven a ser niños, a perder, a reír con ganas y gozar de las cosas sencillas.

## Padres con actitudes entorpecedoras para ser amigos de los hijos

- Padres fomentadores de actitudes de competencia y rivalidad entre los hijos.
- Padres dominadores, exigentes, severos, generan hijos irritables, impulsivos que desarrollan estilos de personalidad inseguras e inestables.
- Padres permisivos, indulgentes, que les permiten actuar según la gana o no gana. Esta actitud hace a los hijos egoístas y débiles.
- Padres que ignoran a sus hijos, que apenas les dedican tiempo, no ven en sus casas un lugar de encuentro.
- Padres sobreprotectores que le ofrecen más ayuda al hijo de la que él necesita, le resuelven todos los problemas y le dicen de forma indirecta que es incapaz, débil, frágil.

- Padres fríos, distantes, rechazadores, indiferentes que no demuestran el cariño, que no conocen sus gustos.
- Padres demasiado serios y adultos que no juegan porque temen perder autoridad, o porque no están para hacer el ridículo.
- Padres preocupados de realizar sus propias actividades en forma independiente, están siempre muy ocupados en cosas muy serias.

## Es la edad del compañerismo

El niño necesita a sus compañeros. Le gusta realizar con otros las distintas actividades comunes, dentro y fuera de la escuela. Crece considerablemente la actitud de solidaridad y lealtad, ya no se acusan entre ellos y muchas veces están dispuestos a sufrir un castigo antes que traicionar a un hermano o compañero culpable.

Los adultos debemos tener presente esta actitud y no enfrentarlo a problemas que no va a poder resolver. Por eso apelaremos siempre al culpable, que asuma su responsabilidad solo, ayudándolo con las siguientes actitudes:

- resaltar la valentía de reconocer una falta
- privacidad en el hecho
- castigo proporcionado: castigamos porque lo queremos educar y no por rabia.

A esta edad se forman los grupos de niños con intereses comunes. Son integrados por pocos niños, se aíslan del resto y guardan secreto de sus actividades, formando verdaderas "sociedades secretas o clubes", con costumbres y maneras de actuar compartidas.

Entre estos grupos de amigos se estimula constantemente el desarrollo de cualidades positivas, como son: la lealtad, la fidelidad, la generosidad, el respeto y el compartir entre otros. Y sobre todo les ayuda a conocerse en forma realista.

A veces estos grupos se cierran demasiado, no dejando ingresar nuevos miembros. No se puede convertir esta amistad en un club de egoístas. Cuando se presentan problemas, desilusiones o traiciones, no hay que darles demasiada importancia, hay que seguir apoyándolos para que salgan fortalecidos y enfrenten sus amistades con nuevos ímpetus y fuerza. Es el momento de enseñarles que encerrarse en uno mismo, impide crecer y madurar y no lo hace feliz.

En esta edad hay que ayudarlos a ser generosos, a respetar los compromisos contraídos. Por ejemplo, que sean generosos con su tiempo, que compartan sus habilidades con otros. Sería conveniente que canalizaran la agresividad a través de la competencia de actividades deportivas. No es raro que los hombres tiendan a ser muy crueles y prepotentes con los más débiles o con los que tengan un defecto notorio. Es habitual que las niñas sean presumidas, vanidosas y criticonas en forma más solapada. Aunque es verdad que estos rasgos son propios de la edad, se tienen que ir corrigiendo con delicadeza, poniéndolos en el lugar del afectado.

## La amistad de los hijos con sus iguales

"La amistad es el menos natural de los amores", asegura C.S. Lewis. Porque es un afecto que nace y representa lo más espiritual de nosotros mismos, se funda y se alimenta de nuestras virtudes. El que tiene un verdadero amigo tiene un importante tesoro.

## ¿Qué es la amistad?

Es amar a otro por ser quién es, de forma desinteresada, y no en función de la utilidad que me preste. No es un objeto para mi uso. Un amigo nunca debe ser catalogado como útil: sirve para que me convide, me acompañe o me obedezca.

La amistad es una forma de vivir, es como un regalo que se recibe sin buscarlo. La relación de amistad es el deseo mutuo de hacerse el bien. El que es verdadero amigo no se limita a aceptar lo bueno que su amigo le entrega, está siempre atento para darle y corresponderle con el mismo bien.

La conducta amistosa no brota de la nada, requiere tiempo de desarrollo, de historias mutuas. Compartir y conversar, supone esfuerzo de ambas partes. Necesita de algunas habilidades:

- Saber escuchar.
- Mirar al otro con desinterés.
- Docilidad.
- Franqueza.
- Posibilidad de dar y recibir.
- Apertura.
- Superar actitudes egocéntricas, salir del propio yo para descubrir al otro.
- Olvidarme de lo que me gusta o quiero, para hacer aquello que necesita mi amigo.

Los niños de los ocho a los diez años

Los niños en esta edad aún no son capaces de tener todas estas habilidades desarrolladas para obtener la profunda amistad de la que hablamos. Ellos más que amigos, tienen compañeros de juego y estudios.

Es a partir de la adolescencia, cuando surge la capacidad de amistad porque es entonces cuando somos conscientes de la propia realidad. En ese momento se va adquiriendo un conocimiento más profundo y completo de uno mismo, se logra tener mundo propio, independencia de pensamientos, de sentimientos y de deseos: nace la intimidad con uno mismo.

La amistad hace crecer considerablemente la actitud de solidaridad y lealtad. La lealtad es una virtud que padres y profesores deben fortalecer siempre. Cuando se pide a un joven o a un niño delatar a un amigo, o romper su promesa de silencio, fomentamos indirectamente la deslealtad, la intriga y la falta de compromiso. Se debe apelar a que cada uno asuma su responsabilidad.

## Características de la amistad

1. La reciprocidad es indispensable en la amistad: no se puede ser amigo de quien no quiere ser mi amigo.
2. El desinterés: a los que se quiere por interés, nunca se los quiere por sí mismos. En la amistad se piensa siempre primero en el bien del otro, porque al estar bien el otro, estoy bien yo mismo.
3. La comunicación mutua: la amistad requiere de tiempo para compartir. Se alimenta de estar y hacer cosas juntos.
4. El intercambio de confidencias: no basta con comunicarse y conversar largos ratos. La conversación tiene que ser

sincera, en la que se dice realmente lo que se piensa y siente; si se piden consejos, no se desconfía de ellos. Estoy dispuesto a mostrar mis defectos y a escuchar al otro sin sacar en cara los suyos.

5. La confianza: creer, desde dentro del corazón, que el otro quiere siempre lo mejor para mí, que no me engaña, que no anda buscando su propio provecho. Cada uno de los amigos se siente a la vez acreedor y deudor de su amigo. Le debe tanto a su amigo, como el amigo le debe a él. Sienten que su cariño es verdadero. Esto no implica que no se puedan equivocar, que mi amigo me recomiende algo y no me resulte o me resulte al revés.

6. La libertad: la amistad es esencialmente libre, no tiene ataduras y cuando se las ponen, fácilmente se termina. "Vamos a ser amigos para toda una vida", "vamos a estudiar la misma carrera". Esta es una amistad sin libertad y empobrecedora. La amistad necesita nutrirse de experiencias diferentes, que aporten ambos amigos, si no, ésta muere. Los amigos no esperan fundirse entre sí, sino conversar, compartir, complementarse desde sus diferencias. Lo propio de la amistad es la conversación.

7. La exigencia: se tiene que abrir el corazón al amigo, comunicar vivencias personales, especialmente aquellas que le aportarán un beneficio.

## ¿Cómo nace la amistad?

La amistad nace observando a otros, por lo tanto se basa en amistad padre-hijo y profesor-alumno. No podemos hacer discursos acerca de la amistad si nos olvidamos de que los primeros modeladores son los propios padres. ¿Cómo es la relación de amistad con nuestros hijos? ¿Los postergamos? ¿Los delatamos? ¿Los ridiculizamos? Si fuera así, esto sería lo que el niño está aprendiendo sobre la amistad.

Algunas ideas que podemos enseñarles a nuestros hijos para que sean buenos amigos:

* Llamar a los amigos para saber cómo están.
* Cuando los invitan nunca llegar tarde o avisar si no van ir.
* Cuando le piden un favor cumplir con el amigo.
* Cuando se enojan con ellos, cuidar las palabras para manifestarle nuestras diferencias.

Para obtener la confianza de nuestros hijos y que éstos nos confíen sus preocupaciones personales es necesario hablar de nosotros mismos y también pedirles consejos o ayuda. Nunca olvidar que la amistad implica reciprocidad, "es una relación de ida y vuelta".

## Sugerencias para fomentar la verdadera amistad de los hijos

Para los niños (antes de la adolescencia) desarrollar virtudes como:

* **Generosidad:** enseñarles a prestar sus cosas y a realizar pequeños favores. Poner en contacto a los niños con situaciones en que se requiera de actitudes de generosidad.

Por ejemplo, llevarlo a visitar a un amigo o conocido enfermo para hacerle compañía; acompañar a un abuelo una tarde en que esté solo. Ayudar a los papás en las compras del supermercado.

- **Sinceridad:** decir siempre la verdad.
- **Paciencia:** soportar las cosas que no les agradan. Fomentar el buen trato con los hermanos, compañeros y vecinos.
- **Compañerismo:** fomentar la participación de los niños en juegos colectivos, respetando reglas, sabiendo ganar y perder sin enojarse.

Tener una casa abierta a los amigos. Apoyar para que los niños tengan oportunidad de juntarse para realizar actividades en grupo, organizar partidos de fútbol, paseos en bicicleta...

Reconocer, valorar y premiar las conductas amistosas en los niños.

**Para los grandes** (adolescentes)

Conversar juntos de lo que significa una verdadera y buena amistad: compromiso de dos en función de valores permanentes, que hay que cuidar, mantener y respetar. Recordar que es exigente, que es necesario dedicarle tiempo, que es recíproca.

Ayudarlos a diferenciar entre la amistad y otro tipo de relaciones como compañerismo, simpatía, conocidos, amor.

Mostrar y conversar de los problemas que se pueden presentar en las amistades grupales: conductas agresivas, pérdida de identidad personal, fuerza o presión grupal, que a veces los lleva a actuar como nunca lo hubieran querido hacer.

Mostrar el riesgo de la falta de amigos y de los malos amigos.

Enseñar a vencer la timidez, la comodidad, que los amigos se hacen, no llegan del cielo, ni se compran.

Crear situaciones familiares donde se puedan integrar los amigos, como paseos, vacaciones conjuntas.

Dar buen ejemplo con nuestros amigos de verdadera amistad, sincera y respetuosa.

Preocuparnos de que los amigos de los hijos se sientan en nuestra casa como en la suya, tener tacto, respeto, sinceridad y diálogo con ellos, evitar conflictos.

## Enemigos de la amistad

Los grandes enemigos de la amistad son la televisión y los juegos de vídeo. Es frecuente que los niños se junten para ver una película: jugar con el vídeo como una reunión habitual. Todos juntos pero todos solos. Ayudemos a los niños a crecer, no a achicarse perdiendo el tiempo.

La ayuda concreta puede ser:

- Dar ideas para hacer en conjunto.
- Fomentar que el niño posea algunas hobbies o un deporte preferido.
- Dar ideas de juegos entretenidos.
- Jugar con ellos distintos juegos colectivos para que los aprendan.

Les enseñamos con el juego a respetar normas, aprender a ganar y a perder, recalcando que no tienen que humillar al que gana o pierde.

## Amigos o malos amigos

Es importante enseñarles a esta edad saber escoger a sus amigos.

*Mi verdadero amigo es:*

El que me acompaña cuando estoy triste.
El que me defiende cuando me atacan.
El que me señala lo que he hecho mal.
El que me ayuda a estudiar.
En el que confío.
El que confía en mí.
El que me escucha.
El que me permite ayudarle.
El que me aporta metas para seguir juntos.
El que es capaz de postergarse por mí.
El que es capaz de ceder en sus gustos.
Con el que puedo contar en las buenas y en las malas.
El que es generoso con sus cosas.
El que es paciente con mis tonteras.

*No son mis amigos:*

Los que me incitan a desobedecer a mis papás.
Los que desprestigian a sus padres.

Los que hacen todo lo posible para dividir.
Los que me llevan a hacer tonterías.
Los que se van cuando caigo en desgracia.
Los que se preocupan sólo de ellos.
Los que no pueden guardar un secreto.
Los que dicen delante de mí una cosa y otra por detrás.
Los que se juntan conmigo por sacar un provecho.
Los que nunca me preguntan cómo estoy.
Los que me meten en problemas y cuando estoy dentro desaparecen.
Los que gozan hablando mal de los demás.
Los "cuenteros".

## Niños con problemas de sociabilidad

Un niño sin amigos es triste y adopta una actitud reservada. Dirige sus intereses a actividades individuales para alejarse del grupo.

*Síntomas de niños con problemas de sociabilidad:*
    No querer convidar a la casa a amigos.
    No querer que lo llamen por teléfono.
    No lo invitan a cumpleaños.
    Se va a la biblioteca todos los recreos.
    Juega con niños más pequeños.
    Bajo rendimiento escolar.
    Excesiva docilidad.
    Ve mucha televisión los fines de semana.
    Tiene su imagen desvalorizada.

*Conductas que producen mayor rechazo entre los compañeros y que pueden perjudicar la amistad de los niños:*
Ser mal educado.
Ser sucio, desarreglado o con mal olor.
Ser egoísta.
Ser excesivamente tímido, no participar en nada y aislarse.
Ser impulsivo descontrolado.
Ser llorón (angustia a los demás).
Ser vengativo (llega con cuentos).
Ser manipulador (hace pelear a amigos).
Ser dominante (se le hace caso por temor).

## Actitudes de los padres que no reconocen los problemas de sociabilidad de los hijos

Puede pasar que nos involucremos demasiado con nuestros hijos y los obliguemos, los presionemos; hagamos fiestas desproporcionadas, estemos presente junto con sus amigos y después los critiquemos. Podemos llegar a ser el padre o la madre que por angustia o excesiva sobreprotección, se entrometa en la vida de su hijo de un modo inconveniente.

También podemos negarnos a la realidad y hacer comentarios como: "Lo mando a la escuela a estudiar", "Ya se le pasará", "No es para tanto".

## ¿Qué podemos hacer?

- Analizar los motivos.
- Ayudar a desarrollar destrezas personales, algún deporte, algún instrumento musical.
- Juntarlo con primos de su edad donde se sienta en confianza.
- Celebrar sus cumpleaños con un grupo pequeño de amigos.

# Capítulo 6
## ¿Soy igual? ¿Soy distinto?

# Capítulo 6
# ¿Soy igual? ¿Soy distinto?

## De diez a catorce años

Desde su etapa preescolar, los niños hacen las diferencias entre lo que es de hombres, mirando al papá y a los hermanos mayores, y lo que es de las mujeres, mirando a la mamá y a las hermanas mayores. Es de mujercitas, por ejemplo, el color rosado (los niños varones en el jardín infantil ni siquiera usan ese color de lápiz); jugar al fútbol, en cambio, es de hombres. Se sienten muy ofendidos si son confundidos aunque sea por teléfono, situación fácil de vivir porque sus voces no son claramente diferenciables hasta el cambio que ocurrirá en la adolescencia.

Ponemos el ejemplo de un niño que contesta el teléfono de su casa:

—¿Juanita, está tu mamá?

Con voz furiosa:

—No soy Juanita; soy Tomás. (10 años)

"¿Cómo soy?" Es la pregunta fundamental de esta etapa y contestarla es lograr identidad, que es la tarea más importante a cumplir al finalizar la adolescencia. La pregunta, por tanto, se refiere a cómo soy en relación con los de mi sexo y respecto de mí mismo.

Abarca los distintos aspectos de la vida personal:

- El plano físico: "soy fuerte, ágil, bonita, alta/o, flaco/a";
- El plano emocional: "soy segura/o, amistoso/a, cotizado/a".
- El plano intelectual: "soy inteligente"; "soy hábil para..."; "qué voy a estudiar".
- El plano social-familiar: "me buscan"; "me necesitan"; "me miran"; "me quieren".
- El plano social-general: "soy amistoso, buen amigo"; "soy capaz de querer a alguien"; "alguien me va a querer a mí"; "tengo amigos"; "mando en el grupo"; "me consideran"; " me apoyan"; "me escuchan".

Podríamos estar con un joven de esta edad hablando horas de sí mismo, sus sentimientos y emociones, analizando sus conductas, las situaciones en que se ve envuelto, lo capaz y hábil que fue para manejar tal y cual situación, o lo torpe y poco atinado para tal otra.

Esta edad se ha definido como una fase crítica; incluso el término adolescencia significa que adolece de algo, algo le duele, algo le falta y realmente es así, porque su característica preponderante consiste en una destrucción de los logros alcanzados en la etapa previa en relación a su autoimagen; incluso su cuerpo ahora le resulta desconocido. Ser buen alumno ya no es suficiente para ser importante en la clase. Se siente, por lo tanto, inseguro.

Es la etapa de los grandes cambios: el paso de ser niño a ser adulto. Crecer es doloroso y difícil, más aun cuando parece que todo cambia en muy poco tiempo, que no le da espacio para ir adaptándose. Y no crecer y no ir al ritmo de los demás, también duele.

Los recursos con los que el adolescente cuenta para superar las crisis venideras son las virtudes, fortalezas, habilidades y destrezas, que ha ido adquiriendo durante la vida, y que le permitirá ir construyendo su personalidad.

Las crisis, en los jóvenes formados con virtudes sólidas, no alteran el fondo de la persona, sino más bien su superficie, la forma de organizar sus energías. Son crisis para una mayor estabilidad, para utilizar mejor esos recursos acumulados en el tiempo, para ponerlos a prueba y salir fortalecidos, pero no ponen radicalmente en juego a la persona, no tienen esos cambios totales, desorganizantes y desequilibrantes tanto para ellos como para su medio. Esto último lo sufren los jóvenes débiles, sin espíritu de superación, los que viven para matar el tiempo, a los que la vida se los vive. En cada crisis, problema, obstáculo o dificultad, ponen en juego su seguridad y estabilidad afectiva.

Los jóvenes que se han ejercitado en virtudes desde niños, serán demandantes de sus padres, exigirán integridad, coherencia, justificaciones sólidas, luchan contra sus defectos. Pero, por otro lado, serán comprensivos, cariñosos, más independientes.

Los jóvenes débiles, en cambio, serán dependientes de comportamientos erráticos, con ansias de libertad ilimitada, de guerras sin fin con los padres o bien, seguidores sin personalidad propia, como hojas que las arrastra el viento.

En este período se distinguen tres etapas con características específicas y tareas propias a cumplir, que van determinando la ayuda, apoyo y dirección que debemos dar tanto los padres como los profesores.

Cuando los jóvenes se sientan preocupados o desorientados por los cambios que en ellos se están produciendo, puede ser de gran ayuda darles lecturas en que vean reflejados sus cambios, penas y alegrías para que no se sientan únicos, incomprendidos, desgraciados o rechazados. Se puede recurrir a algunos textos mencionados en nuestra bibliografía.

## Pre-pubertad

Entre los 10 y 12 años aproximadamente en las mujeres y entre los 12 y los 14 años en los hombres.

Al comienzo de la pubertad los padres deben informar a sus hijos acerca de los cambios y el desarrollo sexual que les va a ir ocurriendo de forma paulatina. Si la información no la dan los padres, los hijos se informarán o más bien se deformarán por los compañeros o revistas. El no saber lo que les está pasando con su cuerpo, con sus sentimientos, sensaciones y comportamientos, puede generar en los hijos angustias, inquietudes y fantasías poco sanas. Preparémoslos para asumir sus cambios informados y formados.

Comienzan importantes y notorios cambios y transformaciones en su cuerpo. El momento de inicio depende del ritmo particular de desarrollo, para unos antes, para otros después. Este comienzo puede ser bastante similar a la edad de inicio de sus padres, puesto que aquí juegan un gran papel los factores hereditarios.

El rápido crecimiento corporal, con emergencia de impulsos sexuales difusos, y el incipiente cambio de estilo de pensar, alteran el equilibrio emocional, sus relaciones con los otros y el comportamiento de estos niños que empiezan a ser jóvenes.

Su comportamiento suele ser impredecible: algo que antes les gustaba ahora les causa tremendo disgusto y rabieta. Con estados de ánimo fluctuante, tan pronto lloran, como se ríen, se ponen colorados ante situaciones que antes enfrentaban con naturalidad. Impulsivos, pegan portazos, no soportan la crítica, contestan a gritos. Pueden ir desde estar sumamente alegres, gritar fuerte, reírse, cantar, abrazar a los papás, hasta el otro extremo: permanecer rabiosos, solitarios o llorones.

## Desarrollo biológico

En los niños, el primer cambio que aparece como evidente es el crecimiento de los testículos; en las niñas el crecimiento de los pezones o botón mamario. De aquí en adelante se irán produciendo uno tras otro, de forma acelerada y abrupta: Un notable estirón entre 5 a 10 centímetros, –lo que se aprecia es un joven de piernas largas y cuerpo corto–. En el rostro, aumento de la nariz, mandíbula y orejas, situación que a los más narigones u orejones molesta mucho.

Esta desarmonía corporal se asocia a la torpeza: se les caen las cosas siempre o casi siempre (el vaso del agua, el plato que se quiebra); tienden a caerse al suelo con facilidad, movimientos descontrolados o choques. Se ven, por lo general, bruscos y poco agraciados. Esta torpeza es más notoria en el hombre.

Más tarde vendrá, en los hombres, el cambio de voz, el vello en el labio superior, tan molesto bigote para unos y, para otros, signo orgulloso de ser hombre y ocupar el equipamiento masculino para afeitarse. Luego aparece el vello axilar y pubiano y los primeros esbozos de vello en las piernas y, en conjunto con todo ello, los problemas para ponerse traje de baño, cambiarse de ropa en la escuela y resistencia para hacer gimnasia.

En las mujeres ocurre la aparición de vello axilar y pubiano. Con esto comienza la edad de los pantalones, los problemas para el traje de baño, las anchas y largas faldas, para ocultar todo lo que está debajo.

El niño que comienza a ser joven empieza a cambiar su imagen corporal y debe acostumbrarse a todos estos cambios. Se produce, en ellos, un doble fenómeno. Por una parte mayor conciencia y profunda preocupación sobre su apariencia física:

- Se siente y se sabe torpe y con defectos, lo que genera profunda ansiedad y sentimientos de inferioridad.
- Quiere ocultarse y evitar el contacto con los demás.

No sirve de mucho la insistencia de los padres acerca de si se ve bien y va bien vestido, o si se ve simpático (a), bonita o buen mozo con los cambios. Hay que dejar que se acostumbre a ellos permitiéndole elegir su propia ropa, vestirse igual que todos, por ejemplo. Siempre reforzando indirectamente que ser distinto es bueno, que a cada cual le viene bien un estilo propio y cuidando el sentido del pudor.

Por otra parte poseen hondo sentido del pudor que es preciso respetar: no entrar a sus piezas sin golpear, o dejarlos que cierren las puertas del baño con llave para vestirse, no hablar en público sino que en estricta privacidad –sólo los dos–, de los cambios que experimentan o de su aspecto externo; evitar, por ejemplo, mandarlo a afeitarse delante de los hermanos, amigos o familiares; no decirle que eso no le queda bien delante de otros; no acompañarlos dentro del vestidor cuando se prueban ropa antes de comprarla.

Estos cambios biológicos producen cambios en la conducta y en su relación con los demás. En los hombres un inicio precoz de desarrollo puede ser una ventaja, ocasión de lograr más prestigio y hasta llegar a ser los líderes de sus grupos, aquellos que los demás admiran, porque ya salen con mujeres, se afeitan, se atreven a hacer cosas distintas.

Los que maduran más tarde, pueden estar más tensos y preocupados porque son tratados por los demás aun como niños, baja su autoestima y pueden presentar conductas como aislamiento, o reacciones inadecuadas para llamar la atención. Sin embargo, tienen también ganancia con la demora; al tener un período de preparación adicional, los cambios no los sorprenden de improviso, los han observado y conversado con otros; cuentan, por lo tanto, con mayor tiempo para aceptarlos, más control sobre sus conductas y, en suma, un cambio más gradual.

## Desarrollo cognitivo

Nace una nueva forma de pensar, la memoria se enriquece, se amplían las capacidades para el manejo del mundo, el pensamiento es más libre para construir ideales y posibilidades alternativas, se es capaz de formular teorías y de verificarlas en la realidad.

Esto supone un reto intelectual para los padres que deben, por una parte:

- Fundamentar sus propuestas y exigencias.
- Ser lógicos en su pensar, no arbitrarios ni emocionales.
- Profundizar en sus valores.

Y, a la vez:

- Ser entretenidos.
- Hablar con ellos de temas más complejos y relacionados con sus actividades, o acerca de problemas de la realidad.
- Pedirles consejos y sugerencias; lo que es especialmente importante porque fuerza y estimula al niño-joven a crecer, a preocuparse de otras cosas que no sea de él mismo, y refuerza los lazos de unión con los padres.

## Desarrollo afectivo

El incremento de los impulsos de carácter difuso e indeterminado genera en ellos inestabilidad, fragilidad emocional: pasan de estar contentos y entretenidos a estar tristes y aburridos. Edad de la lata y de la pereza, de explosiones afectivas, como estallidos de rabia, patadas, gritos, grandes e interminables peleas con los hermanos.

Los cambios hormonales producen un incremento del impulso sexual, mayor curiosidad sobre el tema, más excitabilidad, sienten nuevas e inexplicables sensaciones y emociones, fantasías eróticas y románticas. En este momento puede aparecer la masturbación, más frecuente en los hombres que en las mujeres (ver página 124: La sexualidad es natural y buena).

Van desde la extroversión –lo cuentan todo y son difíciles de callar–, hasta la introversión: comienzan a retirarse del medio para centrarse, cada vez más, en su propia persona.

Si bien las reconocemos como típicas de la edad, estas conductas pueden hacer difícil la vida en el hogar. Por eso, debemos intentar su moderación y paulatino control. Que aprendan a dominar sus impulsos explicándoles que afectan a los demás, evaluando su desproporción. Es bueno que convirtamos estos descontroles en medios para enseñarles a reírse de sí mismos.

Puede servir que una vez terminado el enojo, y calmada la explosión, esperemos que surja una contrariedad similar para que imitemos, delante del joven, igual o parecida pataleta. Se reirá con gusto y posiblemente dirá: "¡Qué tonto fui!"; "¡Qué lata les di!"; "No digas que yo me veo así".

## Desarrollo social

Su mayor afán es la libertad e independencia. A pesar de querer "estar solos", éste estar solos es en compañía de un amigo o amiga, realizando actividades un tanto paralelas.

También trae consigo rebeldía y crítica hacia los padres, profesores, adultos en general, sin mucha fundamentación, lo que se traduce en indisciplinas y baja en el rendimiento escolar.

La rebeldía se incrementa si los padres adoptamos una actitud de revancha hacia ellos. La actitud adecuada es:

• Mandarlos poco y ayudarlos a cumplir con lo que deben.
• Anticiparse a los potenciales conflictos que son típicos a esta edad: ir preparando caminos, pensar con ante-

¿Soy igual? ¿Soy distinto?

rioridad las reglas con el otro cónyuge para estar de acuerdo.
• Respetar esos acuerdos, dar permisos conjuntos.

A modo de ejemplo puede servir el siguiente diálogo.
Una niña, joven dice:
–"Nos vamos a juntar hoy en la casa de Pablo hasta las 12 de la noche.
Actitud que fomenta rebeldía e indignación del padre:
–"¿Y quién te dio permiso?; aún ni me lo pides. Tú no vas de ninguna manera."
La actitud de transacción o inteligente que podemos tener los padres podría ser:
–"Cuéntame cómo es la cosa" "¿Quiénes van?" "¿Quién te va a llevar y traer?" "Yo puedo traerlos, pero un poco más temprano".
Y si definitivamente va ser un no, dar motivos:
–Mira…, a mí no me parece este panorama por esto, esto y esto. ¿Qué se te ocurre hacer como alternativa?
La búsqueda de su individualidad, la necesidad de ser acogidos y la pérdida del control de su conducta los llevará a dejarse influir mucho por el grupo. Esto puede conducirlos a rechazar valores asimilados desde niños, con escasa reflexión sobre el tema, y a presentar conductas inadecuadas, de las cuales posteriormente se sentirán culpables. Es el momento de aprovechar estas transgresiones para ayudarlos a hacer propios los principios que aprendieron en el hogar. Para esto:

• Aprovechar todos los espacios para formarlos.
• Hacerlos reflexionar sobre esos valores.

- Ayudarlos a adquirir profundidad y convicciones sólidas, no como provenientes del mundo adulto –a modo de código de prohibiciones–, sino como algo propio, con justificación, con base, reflexionando, y así integrarlos fuertemente a su personalidad.

En ocasiones, estas transgresiones nos pueden parecer divertidas, pero a ellos les generan una tremenda inseguridad y angustia. Debemos, con calma, analizar cada situación con empatía, poniéndonos en su lugar, aprovechando de educar y formar.

Sirve de ejemplo el siguiente diálogo que nos puede ayudar a reflexionar, sobre la actitud de distintos padres en una misma situación.

La mamá de Pedro, amigo de nuestro hijo de 12 años, nos comunica que vio a nuestro hijo fumando a escondidas detrás de un arbusto en el patio de la escuela.

*Mamá o Papá sobreprotectores,* que viven pendientes de lo que dicen los demás y generan hijos infantiles: No quiere que su hijo quede como desobediente ante los ojos de su amiga y dice: "Sí, él ya tiene permiso para hacerlo" y luego llega el niño a la casa y no le dice nada. El niño, cara de culpable, sabe positivamente que la mamá lo sabe, pero la mamá no le toca el tema. Perdió ocasión de formarlo.

*Mamá o Papá compensadores,* que se sienten culpables por no dedicar tiempo a sus hijos; generan hijos inconstantes y se dicen a sí mismos:

–Total, todos los niños lo hacen; Sería peor que fuera marihuana. Y reaccionan como cómplices:

–Supe que fumaste en la escuela y no te descubrieron.

Fomentan así, de modo involuntario, conductas de alto riesgo, porque si los adolescentes se ven avalados por sus padres para transgredir las normas, buscarán el apoyo de sus amigos para transgredir aquellas normas que para otros padres sí son importantes.

*Mamá o Papá castigadores,* dictatoriales, generan hijos inseguros, centrados en sí mismos, rígidos:

–Me contaron que fumas, a escondidas, en la escuela.
"Eso no se hace, ni menos a escondidas. Castigado a tu cuarto".
Perdió, también, ocasión de formarlo mejor.

110

*Papá o Mamá formadores perspicaces,* no centrados en lo que dice la gente ni en sus propios conflictos, sino con intención de formar a su hijo: Cuando el niño llega de la escuela, lo llama aparte:
–¿Te noto inquieto, qué te pasó en la escuela, hoy?
Da oportunidad a que él, espontáneamente, se lo diga:
–Nada; en realidad..., bueno, sí; me encontró fumando la mamá de Pedro.
–¿Qué piensas tú de eso?
Da oportunidad de que evalúe personalmente su conducta.
–Bueno; creo que no es nada bueno, el fumar hace mal; en la escuela está prohibido. ¿Me vas a castigar?
–¿Por qué fumaste si sabes que hace mal?
–Pedro me pasó el cigarro y me dijo que yo no era capaz de hacerlo.

–Entonces lo hiciste para que Pedro supiera que puedes fumar a escondidas, que eres valiente, que eres
bien hombre que no le temes a nada.
–Ni tanto, mamá.
–¿Se puede medir la hombría fumando un cigarro a
escondidas?

Se deja la conversación así. El niño-joven seguirá sacando
sus propias conclusiones, la tarea del padre o de la madre,
es mostrar el camino del pensamiento. En este caso, el resto
lo concluye el niño en forma personal.

La tarea de todos los padres es ir dando oportunidad para
que piensen por sí solos. Al mismo tiempo para que crezcan
en fortaleza y sean capaces, más tarde, de no dejarse llevar por la mayoría. Es importante crear oportunidades que
ayuden a establecer hábitos bien arraigados. Los grandes
discursos, las clases magistrales y los grandes castigos en
general ayudan poco.

También hay que otorgarles la posibilidad de ir haciéndose responsables de sí mismos, de otros o de alguna actividad, proponiéndoles por ejemplo:
–Sí; puedes salir con tus compañeras al teatro, nunca
sola, siempre en grupo.
–Por favor, todos los días antes de las 8:00 a.m., saca
la basura a la calle.
–Durante este semestre, traerás a tus hermanos de regreso de la escuela en la micro.
En relación a sus amigos y compañeros se presentan también problemas que los hacen sufrir. Se rompen los grandes
grupos haciéndose otros más pequeños y se tiende a cam-

biar las amistades. En los grupos de igual sexo, surgen temores e inseguridades con respecto al sexo opuesto y buscan el apoyo del grupo para enfrentarse a esta situación.

En las niñas se observa más la tendencia a estar solas, logrando con su grupo pequeño de amigas una mayor intimidad y conocimiento. El grupo protege, da seguridad, apoyo, ayuda a la independencia, baja la angustia· de enfrentarse al sexo opuesto.

## A las niñas ¿qué les inquieta?

Su desarrollo. Necesitan ir conociendo en detalle lo que significa pasar de ser niña a mujer. Se puede ir explicando el proceso de la siguiente manera:

–"Todo lo que te empezará a ocurrir es, nada más y nada menos, que la preparación de tu cuerpo para poder ser mamá en un futuro. A cada niña le pasa más o menos lo mismo, lo único diferente es que a algunas, por herencia, les pasa antes y a otras, después. Ten claro que no es nada raro, y si alguna vez te sientes complicada, te angustias, te dan información que tú no entiendes, volvemos a conversar."

No es raro que, frente a este tema, las niñas se cuenten historias o se imaginen cosas que no pasan en realidad; es siempre bueno preguntar y si no lo sabemos, consultar algún libro juntas.

Puede resultar adecuado tener el dibujo del aparato genital femenino para ir dando esta explicación con apoyo.

Explicarle que esta preparación trae consigo algunos cambios, la transpiración de su cuerpo se vuelve más abundante y con olor; por eso, es importante cuidar la limpieza personal: ducha diaria, desodorante, cara lavada con jabón para prevenir espinillas. Más importante aún es cuidar del aseo personal en el período de la menstruación.

Muchas niñas tienen temor que durante su menstruación, todo el mundo se entere y andan incómodas y angustiadas. Interesa aclararles que no existe ningún cambio externo que lo manifieste, por lo tanto, que estén tranquilas.

Animarlas a ver que es importante la delicadeza con los demás, el orden con sus cosas, cómo dejar el baño, todo guardado o botado en el basurero, protegido de la debida forma.

Las madres debemos preocuparnos que las niñas tengan lo necesario en casa para sentirse cómodas y seguras.

Las preguntas más típicas de esta edad:
–*¿Duele la menstruación?*
–Lo más frecuente es sentir pequeñas molestias, el primer o segundo día, luego se quitan; pero son del todo soportables. El dolor o molestia se produce por contracción del útero. Lo que se debe hacer es tratar de relajarse, caminar, estar tendida, no pasar frío para terminar con la molestia. Muy pocas niñas se sienten realmente muy mal. A ellas el doctor les da algún remedio e indicación especial.

–*¿Cuántos días dura?*
–Lo normal es de 4 a 6 días, pero también existen, sobre todo al inicio, muchas fluctuaciones.

–*¿Cómo se sabe cuando va llegar la menstruación?*
–Aproximadamente una vez al mes. Debes comenzar a observarte y verás cómo ocurren en ti algunos cam-

bios que te avisan: un pequeño malestar, más sudoración que la acostumbrada.

*—¿Qué pasa con los hombres?*
—Su organismo, también se prepara para ser padre, aunque sus cambios son distintos que los de las mujeres. Dios nos hizo diferentes y complementarios, cada uno tiene que desarrollarse plenamente en todas sus potencialidades. Somos distintos, cada uno con una misión específica.

## A los niños ¿qué les inquieta?

Lo que más les inquieta es conocer profundamente cómo es su proceso de crecimiento y cómo es el de la mujer.

Les inquieta el ciclo de la mujer porque despierta su curiosidad, ya sea por su complejidad o para despejar dudas, ya que posiblemente, desde pequeños, algo han escuchado de sus compañeros de curso o de sus hermanos mayores. De ahí que las preguntas de los hombres, por lo general, se refieran más al funcionamiento de la mujer.

Conviene que la explicación y conversación sea con el padre de igual sexo. Si por cualquier motivo, no se da la ocasión, la madre debe abordar el tema. Es también una buena solución que ambos padres conversen con el niño y cada uno conteste las preguntas que más maneja o las de su propio sexo.

## En esta edad aparecen nuevamente los *juegos sexuales*

Puede ser de interés conversar con los hijos sobre este tema. Es importante advertirles a los hijos hombres sobre los juegos sexuales iniciados por conocidos o desconocidos en los vestidores de uso público, en lugares en que se realizan deportes o entretenciones, o en las duchas después de clases de educación física. Suelen presentarse como una audacia de alguno y pueden terminar como una gran angustia para otros. Un juego realizado entre personas de igual sexo puede generar, a esta edad, dudas sobre su orientación sexual. Frente a estos juegos, en apariencia inocentes, hay que saber decir que no y evitarlos. Comentarles que no es de cobardes huir, aunque los inicien personas de más edad o en grupos concertados.

Pueden existir jóvenes que de alguna forma buscan confirmar identidad o involucrar a otros en sus perversiones. Por esto, a los adultos o jóvenes mayores que traten de iniciar algún acercamiento poco natural, hay que denunciarlos. También puede pasar que esto lo provoque algún profesor, siendo aún más difícil para el niño comunicárselo a sus padres. No conviene obsesionarse, sí conviene vigilar las cosas que se le dicen al niño y adolescente en clase.

El niño-joven debe estar alerta ante estos posibles riesgos y es importante recomendarles que tengan la confianza de comunicárselo a sus padres. Y los padres tienen el deber, por mucho que les complique, de denunciarlo a la autoridad competente, ya que puede haber otro joven o, aún peor, un niño que no se pueda defender, involucrado en estas situaciones. Por lo general, los padres se angustian mucho, pueden ver al menor como un provocador y retarlo o no evaluar la situación con la debida seriedad. Siempre hay que estar prevenidos y actuar con firmeza, seriedad y discreción.

El niño-joven debe captar claramente que sus padres están siempre dispuestos a escuchar y que reaccionarán en forma mesurada y discreta. No hay que olvidarse que por no pasar una vergüenza o no verse expuesto a la burla de sus compañeros y amigos, podría soportar situaciones angustiosas o dramáticas hasta que está seriamente dañado o angustiado.

Esto es muy importante detectarlo, ya que muchas veces problemas posteriores han tenido su inicio en estas situaciones que el niño no ha contado a nadie y que le han traumado.

## Conversemos con nuestros hijos
## de su desarrollo social, emocional y cognitivo

Ayudar al joven, para que en su próxima etapa conozca líderes con ideales sólidos a los cuales imitar. De lo contrario, imitarán a personajes de televisión, a los cantantes afeminados de rock o a los cantantes sensuales.

Está demostrada la relación directa que hay entre la visión de violencia y la puesta en práctica de violencia en la vida real. También entre el consumo de pornografía y los abusos sexuales a la mujer, niñas, adolescentes o novias.

Importa atender sus demandas de afecto, cariño y protección con prontitud:

Seamos cariñosos, cuidando de no hacer estas manifestaciones en presencia de amigos o compañeros ya que, por lo general, les molesta. A esta edad, a pesar de que les gusta que uno los acompañe a la escuela, prefieren que los vean llegar solos.

Recordarles de sus historias infantiles, sus grandes éxitos, sus maldades, lo que uno pensaba de ellos, lo que decían los otros de ellos, sus sobrenombres. Algo que los haga sentirse en unidad con su vida anterior.

Darles más tiempo para conversar: un padre que invierte tiempo ahora para compartir sus penas y alegrías, será más adelante, un confidente y guía eficaz.

Respetar su intimidad. Los jóvenes, a esta edad, están particularmente sensibles a la opinión que los demás tengan de ellos, no les gusta que se hable de ellos en público ni menos que se muestre que están cambiando. No comentar en la mesa: "Parece que a Juanito le está saliendo bigote".

No ridiculizarlos. Cuidar su autoimagen: no retarlos en público, no mandarlos mucho. Dejarles espacios propios, ayudarlos a reflexionar, darles más responsabilidades y ayudarles a ejercitar su libertad en aspectos más amplios de su vida.

En general, conviene anticiparse en todo para que cuando se presenten los cambios, sepan que no son los únicos, que todos sus compañeros sienten las mismas cosas. Así serán menores sus dificultades.

## En la pubertad

Aproximadamente se extiende desde los doce a quince años en las mujeres y de catorce a dieciséis en los hombres.

Es la fase inicial de la adolescencia. Es un tiempo en que los padres debemos estar especialmente atentos a la educación de los valores de nuestros hijos. Es el momento de descubrir el propio mundo interior. Ahora se proyectan, cuando brotan los sentimientos generosos, del amor. Esta etapa se inicia con la primera menstruación en la mujer y la primera polución en el hombre. Un púber es un niño que ha dejado de ser niño.

Todos los cambios biológicos, cognitivos, emocionales y sociales se van incorporando a su personalidad, logrando una integración y afirmación de su individualidad y una mayor estabilidad en su conducta.

En esta etapa, lo central es ayudarle a descubrirse a sí mismo. Nace un fuerte afán de independencia, autodirección y originalidad.

En cuanto a sus impulsos sexuales, se manifiesta una búsqueda real del otro. El interés hacia el otro sexo en esta etapa es auténtico. Ya no es sólo porque es bien visto tener una pareja por sus compañeros y compañeras. Sin embargo, en los hombres se puede dar con más facilidad una separación entre los impulsos sexuales y los sentimientos amorosos. Es muy importante ayudarlos a integrar, a unir, guiándolos en la comprensión de la castidad y del uso adecuado y en su momento de la sexualidad. De este modo los hijos aprenderán el verdadero respeto a la mujer.

Comentarles que el respeto es uno de los elementos del verdadero amor: se respeta verdaderamente a quien se quiere verdaderamente. Explicarles que hay diferencias entre el amor y el enamoramiento. El enamoramiento son los primeros pasos del amor maduro, éste es un camino que se comienza pero que nunca se acaba, siempre podemos querer un poquito más. Querer más, implica que cada día puedo querer más al otro con sus defectos y fortalezas físicas y espirituales. El amor maduro hace que ambos se potencien, se desarrollen, crezcan, se abran a la vida y a los demás. En el amor verdadero no es necesario usar máscaras, vive y se alimenta de la verdad y de la paz. El amor verdadero llena la vida de proyectos, de ilusiones.

Los púber tienen un concepto idealizado del amor: se enamoran del amor que personifican, muchas veces en quien les escucha con atención o en quien les atrae. Las mujeres tienden a fabricar historias románticas con ellos, y ellos tienen fantasías eróticas y dirigen su conducta al contacto y a la caricia.

Mostrarles que el hombre y la mujer tienen reacciones distintas: lo que para ellas manifiesta sólo una intención de cercanía, para él que es más externo puede ser una señal, insinuación o llamada a un comportamiento erotizado.

Las mujeres buscan que les hagan caso, tienden más a lo afectivo, es decir el orden de los factores en la atracción es diferente, aunque el resultado en ambos sexos sea el mismo. Los hombres se suelen desconcertar con la psicología femenina, las mujeres tienden a comprender y a situarse más rápidamente. Como por ejemplo, el bailar insinuante para la mujer es por querer sentirse admirada y como un juego, él lo interpreta como una insinuación erótica, se comporta como lo que cree que se le pidió y ella se ofende. Es muy útil para ello conocer el lenguaje femenino, una psicología que funciona distinta a la de él, y nadie mejor que su padre que conoce bien a su madre se lo puede explicar.

## Los púber y su desarrollo cognitivo

Se consolida su estilo de pensar, las operaciones formales; lo que le permite trabajar con variables abstractas, combinar distintas soluciones, abstraer características de la realidad, fuera del plano concreto y real.

Es capaz de interpretar situaciones de forma compleja, a veces de manera más compleja de lo que el problema requiere: como se dice vulgarmente le buscan la quinta pata al gato.

Se preguntan: ¿por qué me lo dijo de esta forma? ¿Qué habrá detrás de esta afirmación? ¿Qué quiere lograr con esta invitación?

Esta nueva habilidad, a veces, lejos de ayudarles a obtener soluciones rápidas, seguras y bien razonadas, les hace la vida más difícil.

Sobrestiman sus capacidades y habilidades, no consideran los obstáculos y, por lo tanto, a veces –sin querer– se encuentran donde nunca quisieron estar y donde nunca pensaron que estarían. Incluso de donde les es difícil salir.

Su egocentrismo, el estar pendiente de sí mismos, no les permite diferenciar entre su pensamiento sobre la realidad y la realidad misma. Todo esto los lleva a ser tremendamente subjetivos: el pensamiento ligado a sus sentimientos, que genera una mezcla explosiva y peligrosa.

## Los púber y su desarrollo afectivo

Lo más relevante es el proceso de individuación, que va en busca de una mayor estabilidad y mayor comprensión de sí mismo. Lo logra por una introversión activa, voluntaria e intencional, encaminada a poseer un mayor conocimiento de sí mismo.

Este proceso trae consigo un necesario alejamiento entre los padres y los hijos. Los padres sienten esta lejanía, por eso tenemos que saber que nosotros sólo somos los arcos y nuestros hijos las flechas, por lo tanto, debemos predisponernos bien para lanzarlos lejos, llenos de ideales y con herramientas para afrontar la vida.

Esta separación es para ambos dolorosa, puesto que muchas veces lo hacen de forma inadecuada. Los padres no deben sentirse rechazados, ni entrar en el juego de los sentimientos. Han de seguir manifestándoles su cariño, aunque a veces les parezca que no les importa o que les es indiferente.

No los dejemos solos y no nos desentendamos de ellos. Hay que estar siempre a la mano, pero nunca intentar vivir lo que ellos tienen que vivir solos, ni evitarles las penas, ni los fracasos que deben pasar. Todas las situaciones que sean apropiadas y beneficiosas para ellos, es bueno que las vivan.

No tomar una actitud sobreprotectora, como por ejemplo, Pedro termina con su novia.

La mamá le dice:

—No te apenes; total, no valía la pena.

También presentan un fuerte afán de ser originales, únicos, y especiales: a nadie nunca le ha pasado lo que a él le está pasando, por lo tanto, no puede ser comprendido por los demás. Quiere ser diferente a todos y que los demás lo traten como tal. El grupo de pares y amigos lo ayudan en forma importante en este proceso de individuación.

Cuando comprenden que todos están en una etapa similar, con iguales problemas, todos en el mismo escenario, quiere decir que no hay tal escenario. Eso disminuye sus angustias y aprehensiones y pueden, incluso, empezar a reírse de ellos mismos.

Se acentúa su afán de independencia, de decidir por sí mismos qué hacer en cada momento. En esta etapa se dan las más graves dificultades con los padres, ya que rechazan fuertemente todo intento de control. Se sienten adultos, con todas las herramientas para gobernarse a sí mismos, y por lo tanto desean ser tratados como tales.

No son extrañas las conductas extravagantes para llamar la atención con vestimentas, posturas, lenguaje. Sabiendo ceder en aquello que no tiene demasiada importancia, es la oportunidad para educar sobre el pudor y la sobriedad.

Están siempre reaccionando ante una audiencia imaginaria. Son actores en un escenario, observados por todos, aunque estén solos. Creen que todo el mundo los está permanentemente mirando y evaluando, con la misma actitud que ellos tienen para sí mismos. Esto los atemoriza y rechazan el contacto con otros.

En cuanto a sus sentimientos, presentan cierta tendencia a la melancolía, al pesimismo y a la tristeza. Buscan con cuidado una persona a quien contarle y con quien compartir sus sentimientos más profundos.

## Los púber y su desarrollo social

En esta edad se reduce en forma importante el grupo de amigos. Suelen quedar con dos o tres, o sólo con un íntimo amigo, a quien eligen como confesor de sus penas, inquietudes y angustias. Se busca en él comprensión e intimidad profunda. Esta amistad les sirve para compartir mutuas confidencias y obtener un reflejo de sí mismos. Tienden a idealizar a su amigo y a atribuirle características deseadas y admiradas. Se pueden hundir excesivamente cuando un amigo les falla.

Participan de actividades grupales, pero se unen en torno a un fin, como por ejemplo, una reunión, una fiesta, una actividad escolar. El grupo sirve como regulador externo de su conducta y le ayuda a fijar su autoimagen.

Existe también un mayor acercamiento a jóvenes del otro sexo. Al principio son relaciones de grupos con grupos, para llegar en la adolescencia a conformar grupos de hombres y mujeres independientes del grupo inicial: se reúnen por afinidad de intereses, gustos y aficiones.

En resumen:

- Al igual como se les enseña a manejar un auto, se les debe enseñar a autoconducirse.
- Dar libertades de a poco, en la medida que el joven responda en forma responsable.
- Adultos y padres cercanos: tener conversaciones y reflexiones con ellos, en épocas difíciles o situaciones poco habituales.
- Tratar de no imponer, siempre conversar, destacar sus habilidades y apoyarlos en sus flaquezas.

## Los púber y su desarrollo biológico

Aclararles que lo más importante son los cambios hormonales, que hacen presentes los rasgos sexuales primarios, que corresponden a la maduración de los órganos de la procreación y la acentuación de los rasgos secundarios.

Que adquirirán una mayor armonía corporal, sin alcanzar todavía sus formas corporales adultas.

Tener en cuenta que el púber centra su preocupación en los cambios sexuales, con una mayor toma de conciencia de las diferencias entre ellos y ellas. Su interés es más específico y se dirige al sexo opuesto, con mayor curiosidad y excitabilidad sexual. Muestra ansiedad por cualquier desviación de su apariencia física. Por ejemplo, en los hombres, preocupación por observar un desarrollo menor de sus órganos genitales, o escasa musculatura; en las jóvenes le inquieta la duración de la menstruación, de su aumento de peso.

## La sexualidad es natural y buena

Conversemos con ellos acerca de su desarrollo físico, contestándoles todas sus preguntas con profundidad, delicadeza, de forma directa, en privado y con tiempo.

Es importante que le comentemos que las nuevas sensaciones que perciben los jóvenes y que tienen que ver con el placer asociado al contacto con algunas partes del cuerpo (genitales, mamas) pueden provocar en ellos búsqueda de mayor placer, pudiendo constituir en el tiempo hábitos desordenados, como *la masturbación*. Explicarles que desde el punto de vista psicológico, la masturbación, es un repliegue sobre sí mismo, contrario a lo que significa crecer, que es irse abriendo al mundo, a los demás y a sus propios proyectos y que desde el punto vista moral significa darse a sí mismo, voluntaria y solitariamente placer sexual. Aquí es necesario aclararle a nuestros hijos que esto afecta a la transparencia del amor al usar el placer sexual de modo contrario a su naturaleza y finalidad. Enseñarles que el placer sexual está para vivirlo dentro del matrimonio como parte de la donación de uno mismo, que eso es el verdadero amor.

Tengamos en cuenta que este mal hábito puede aparecer en la etapa egocéntrica de la adolescencia, cuando se intensifican los impulsos sexuales, existe inseguridad e impulsividad, y poco control sobre su conducta.

En un comienzo estas sensaciones de placer surgen en forma accidental por contacto con la ropa o durante actividades físicas, pero cuando persiste, puede ser por problemas en el desarrollo de su afectividad, provenientes de fracasos o sufrimientos no superados, de tensiones excesivas o por dificultades para integrarse con los demás. Esto lo lleva a replegarse en su interior y liberar tensiones y angustias de esta forma. Si bien logra liberarlas, es sólo por un instante. Luego se añade a lo anterior sentimientos de soledad, vacío, vergüenza de sí mismo y angustia, por lo tanto, lejos de solucionar el problema lo profundiza.

No hay que causarle demasiada preocupación ni demasiada culpabilidad con este tema; en cambio podemos animar a nuestros hijos a:

- Salir de sí mismos, comprometiéndose con actividades en beneficio de otros.
- Que eviten películas, libros, revistas que los lleven a pensar en esta conducta.
- Realizar actividad física, algún deporte, gimnasia, mejor aún si es acompañado y con espíritu de competencia.

- Ayudarles a que siempre tengan el tiempo ocupado, que trabajen con intensidad.

Alertemos a nuestros hijos de la pornografía que puede tentarles y es peligrosa. No olvidemos de recordarles la verdadera naturaleza del sexo mostrándoles el amor feliz y responsable. El sexo ha sido creado para el amor, la alegría, la vida y la familia, no para la soledad, la perversión, la enfermedad o el delito.

Es conveniente aclararles a nuestros hijos sobre un desorden sexual que es la homosexualidad. Los homosexuales son personas que por diferentes dificultades, físicas o psicológicas, no lograron una identidad sexual. Siendo hombres se sienten atraídos sexualmente por los hombres, o siendo mujeres se siente atraídas sexualmente por las mujeres. Esto no es normal.

Un componente muy importante es el logro de la identificación con el padre de igual sexo, los padres deben por lo tanto dedicarles tiempo y espacios a esta tarea. La homosexualidad se previene fundamentalmente con padre y madre afectuosos, presentes, cercanos y cuidadosos de las relaciones de amistad que establecen los hijos. En general los niños más expuestos a perversión son los más frágiles en su personalidad. Los niños que crecen sin sobreprotección por parte de la madre, que tienen un padre cariñoso y que está presente en la casa, se desarrollan normalmente.

Cuando suceden situaciones de abuso en general los niños "avisan", dan señales de rechazo al contacto con otros niños o a ciertas actividades. Es conveniente ante la sospecha de estos hechos, acudir a la brevedad en busca de asesoría de personas expertas, como por ejemplo psicólogos o psiquiatras.

La pornografía homosexual o el vivir en un medio donde la homosexualidad se considera una opción sexual válida, también son situaciones de gran riesgo en la aparición de la homosexualidad. Por supuesto esto no tiene nada nuevo, esto es tan antiguo como el hombre.

En las personas homosexuales también está la libertad fundamental del hombre, que lo hace digno, y gracias a esta libertad y a toda la ayuda que puedan recibir, podrán evitar la actividad homosexual. Incluso más, se sabe que alrededor del 30 al 50% de los hombres homosexuales, con terapia, pueden superar el problema de su orientación o tendencia homosexual. De todas maneras es muy importante apoyar a las personas homosexuales en un camino hacia una vida sana y virtuosa.

Es importante observar que actualmente parece que la homosexualidad va en aumento. Esto se debe a que grupos de homosexuales, cuyos miembros están libres de responsabilidades y de exigencias de la vida familiar, hacen mucho ruido para influir sobre los gobiernos y la prensa para ser admitidos con su comportamiento gay, confundiendo a muchas personas. Ante la inquietud del joven frente a la homosexualidad podemos tranquilizar a nuestros hijos adolescentes asegurándole que la homosexualidad es poco frecuente y que si en algún momento son rechazados por parte del sexo opuesto no significa que sea propenso a este trastorno. Comentarles que ya llegará el momento de encontrar el novio(a).

Enfatizar en el amor y en otras actividades es una manera excelente de alimentar una sexualidad normal y saludable.

# Peligros

## VIH/SIDA

El síndrome de inmunodeficiencia adquirida (sida) es una enfermedad fatal que, durante un largo período, no muestra síntomas y habitualmente se contagia a través de relaciones sexuales cuando uno de los dos está infectado.

Con respecto a la afirmación de que el uso de preservativos en la relaciones proporciona un "sexo seguro", no nos engañemos: incluso sus defensores admiten que estos débiles dispositivos funcionan, como mucho, el 88% de las veces, y que los usuarios tienen más de un 10% de posibilidades de contagiarse. Otros estudios indican que el éxito de los preservativos es del 70%, es decir, cerca de uno de cada tres usuarios corre el riesgo de contraer el VIH.

Ya sea entre heterosexuales u homosexuales, el sida está claramente unido a la promiscuidad y/o a actividades sexuales antinaturales, como las relaciones anales y al consumo de drogas intravenosas.

## Las adicciones y alcoholismo

Interesa enseñar a los jóvenes que el uso moderado del alcohol no se asocia con dificultades, pero su consumo excesivo sí. El abuso se relaciona con bastante frecuencia a problemas para establecer adecuadas y enriquecedoras relaciones humanas. En algunos casos se desarrolla tolerancia, que significa que la persona necesita más de una sustancia para lograr el efecto deseado. Dejarlas es muy difícil porque se presentan síntomas de abstinencia que son muy desagradables.

Los jóvenes por lo general comienzan, por su interés, por conocer lo prohibido, por motivos sociales, relajarse y percibirse en iguales condiciones que sus amigos, y otros para aliviar estados de ánimo u olvidar algo que le molesta, lo apena, lo entristece. Posteriormente se mantiene por influencia del grupo y por los efectos de satisfacción o comodidad que les producen hasta quedar definitivamente atrapados en la adicción.

Otro factor psicológico de gran relevancia es la tensión. Por lo tanto no es sólo por trastornos de personalidad sino también puede darse en jóvenes que poseen una salud mental satisfactoria.

Hay que tener claro que las drogas que están más presentes en la actualidad son el alcohol y la marihuana.

Los jóvenes y casi los niños comienzan su uso muy tempranamente. Es en esta edad un caldo de cultivo, por el período de desarrollo donde ellos se encuentran, muy dependientes de los otros: autoestima y autoimagen frágil, necesidad de pertenencia y poca seguridad en sí mismos.

Por lo general la adicción o el alcoholismo en los jóvenes se manifiesta cuando se comienzan a producir pequeños problemas sociales, y/o escolares. Las consecuencias de estas conductas de los jóvenes son denigrantes. Hay una estrecha relación entre el consumo de drogas y alcohol, y la promiscuidad. Los adolescentes que no beben, comparados con los que sí beben, tienen, de manera significativa, menos probabilidades de verse envueltos en actividades sexuales.

Cuidemos de no estimular a los jóvenes a beber para demostrar su madurez y al mismo tiempo enseñemos a no tolerar a los bebedores excesivos adultos considerándolos simpáticos o divertidos, porque así estamos fomentando el alcoholismo.

Los padres que posean antecedentes de alcoholismo en sus familias, deberían estar más atentos.

## Eduquemos a los jóvenes en la voluntad

Cuando un joven carece de voluntad aparecen: la flojera, la apatía, la inconstancia, el apuro o la impulsividad, la ansiedad, las conductas guiadas por el capricho.

Estemos más atentos a sus dificultades. Al púber que tiende a ser más flojo, al caprichoso, al impulsivo, es importante decir las cosas claras con los permisos.

Las exigencias y las normas, lejos de dificultar su desarrollo, le ayudan a autocontrolarse y a reflexionar. Descubre los motivos que guían sus conductas.

Muchos padres caen en el error de pensar que cada generación debe tener más permisos y libertades que la anterior. Eso podría ser cierto cuando los jóvenes eran restringidos en sus libertades en forma importante y desconsiderados en sus capacidades, edad o desarrollo.

Actualmente parece más bien que las libertades han pasado al límite contrario, donde el joven puede hacerlo todo sin considerar su edad, nivel de responsabilidad, desarrollo.

Los permisos deben pensarse bien. No porque a todos les dejen, tenemos que dejar hacer a nuestros hijos. Hay lugares en que ellos pueden estar y otros sitios que son de riesgo, hay horas en que no es conveniente para nadie andar en la calle. Hay amigos y amigas. Hay personas en quien confiar y otras en las que no.

Por lo tanto, no hay permisos estándares, cada uno de ellos debe ser pensado y dado con responsabilidad por los padres, no con un "bueno ya", para que deje de molestarnos, sino con una conversación. Los padres no podemos ser cómodos ni ingenuos, sino más bien astutos, rápidos e informados.

## Algunos consejos prácticos

- Estar de acuerdo ambos padres en los permisos, sobre todo en los que son definitivamente NO y mantener esos acuerdos. Si existen modificaciones, conversarlas antes los dos de manera que los jóvenes no perciban las diferencias entre los padres, porque jugarán con ellas cuando les sea conveniente.

- Tener claridad sobre los detalles importantes: con quién van, horas de inicio y regreso, con quién vuelven, teléfono para ubicarlos, dirección completa y escrita para ir a buscarlos.

- Los jóvenes están tan centrados en sí mismos, que a veces no se percatan de que dan una información incompleta y no es entendida por los padres; otras veces lo hacen intencionalmente porque saben que no habría permiso.

- Estar atento a preguntar qué es volver temprano o tener claro a qué casa o lugar se dirigen. Averiguar con primos o hermanos mayores el ambiente de los lugares donde los jóvenes suelen ir.

- Estar atentos a comentarios indirectos en la preparación de las fiestas. Usar el sentido común.
- No modificar las reglas ni lo que se habló desde un principio por insistencia del joven, de sus amigos o de los padres de los amigos. Lo que hacen, dicen y piensan todos, no es necesariamente adecuado ni sano. Existen frases típicas como: "¡Todos van a ir!" o "A todos los dejan, ¿por qué a mí no?"
- Hablar sobre el tema del noviazgo.
- Confiarles más responsabilidades en la casa, en el cuidado de los hermanos, en asuntos que ayuden a los padres.
- Ampliar el campo de ejercicio de su libertad: en la elección de reunioness, de ocupación de sus horas libres, de ropa.
- Procurar que se ganen su mesada, que trabajen durante las vacaciones, fomentar la generosidad y la solidaridad con el dinero que tengan.
- Tratar con ellos el tema de las fiestas, las reuniones, las actividades, los amigos.
- Hablarles de sí mismos: sus habilidades, virtudes y características más sobresalientes. Sus proyectos: qué quieren llegar a ser, a quiénes admiran, qué cualidades de otros les gustan.

Para conocer mejor la realidad de un joven-niño, relatamos unos extractos de un "Diario de la vida de una púber".

*Viernes 15 de agosto:*

Hoy fue mi cumpleaños, por fin cumplí 14 años, puedo ir a ver películas para mayores, al fin... ¡Qué vergüenza pasaba cuando me invitaban y tenía que decir que no! Tuve muchos regalos, grandes y pequeños, pero el que más me gustó fue el que me hizo mi papá. Salimos los dos solos a pasear, comprar mi regalo y tomarme un helado. ¡Qué es tierno mi papá! ¿Verdad? Me sentí feliz de ser única, no con esa cuelga de hermanos molestosos. Se hizo el tiempo sólo para mí, creo que entiende que ya soy adulta. ¡¡Hurra!! ¡¡Viva!! ¡¡Al fin!! Adiós, tengo mucho sueño, te escribo mañana. A propósito se me olvidaba contarte, me llamó Pablo ¿lo quiero o no?

*Viernes 23 de agosto:*

Querido diario: hoy día fatal. Ni yo me entiendo: tengo ganas de estar sola, ayer gritaba por ir a fiestas y hoy, que ya las tengo, no quiero salir. Entre más me insiste mi mamá, menos ganas tengo. ¡Qué se tiene que meter ella en mis fiestas! No voy a ir, pero... si no voy, ¿qué dirán mis amigos? Pensarán que soy una aburrida y latosa. Realmente lo soy, querido diario. No te escribo más, he decidido ir, será peor las críticas de ellos que mi lata.

*Sábado 24 de agosto:*

La pasé estupendo, bailé con todos, incluso con Pablo. Es un tipo súper entretenido, me contó cuáles son sus proyectos futuros, lo que le gusta de las niñas..., casi parecía que estaba hablando de mí, esta cosa la veo más seria, creo que me gusta. Ahora te estoy escribiendo encerrada en mi cuarto, no quiero salir de aquí. Qué lata todas mis tías y primos vinieron. No quiero ver a nadie, por más que grite la mamá, aquí me quedaré. Estoy cansada, quiero estar sola, quiero pensar qué hacer para lograr que Pablo se me declare.

*Domingo 15 de septiembre:*
    Sé que me he portado mal contigo, no te he escrito ni una línea desde hace casi un mes. Para que sepas, nada pasó con Pablo, después de esa fiesta nunca más me llamó. ¿Qué habrá pensado de mí? Seguro que me porté como niña chica, con todas las tonteras que hice en esa fiesta, creo que me vio bailando con tantos que pensaría que conmigo nada iría seguro; total, ya aparecerá otro mejor. No creas que no lo sentí, creo que pasé todo un fin de semana deprimida y fue cuando te escondí tan bien, por temor a que alguien te leyera, que te perdí, y sólo hoy te encuentro.

*Miércoles 17 de diciembre:*
    Salí de clases hoy, estoy feliz. Este año creo que no ha sido mi mejor año, ni en la escuela, ni con mis papás, amigas y amigos y ningún novio. Creo que todos los días estrené una forma distinta de ser, no sé cómo me han soportado, sobre todo mi íntima amiga, pero después de una larga conversación con ella he decidido cambiar, ahora que viene el verano me preocuparé más de mis hermanos y de ayudar en la casa. Creo que he salido bastante y es hora de compartir con la familia, espera, querido diario, me llaman por teléfono. ¿Te cuento? Me invitó Josefina por 15 días a la playa, ¿cómo crees que debo pedir permiso para que me dejen?

**Capítulo 7**
**Adolescencia**

# Capítulo 7
# Adolescencia

## Desde los dieciséis años en adelante

La adolescencia es esencialmente la búsqueda activa de una identidad personal.

—¿Qué es la identidad personal?

—Son ideas, sentimientos, experiencias internas, intuiciones personales acerca de quién es y cómo es cada uno, de qué se siente capaz, cuáles son sus características más personales, que lo hacen diferente de los demás. Este proceso de formación de identidad de estos adolescentes transcurre de manera gradual, frecuentemente sin intencionalidad, sin darse mucha cuenta. Les implica tomar decisiones y experimentar distintos roles en una permanente interacción con la realidad.

La identidad no es estática. Por el contrario es flexible y dinámica. Esto implica que deben estar abiertos a aprender, a cambiar, a mejorar y a desarrollarse. Aclararles que una persona estática y rígida está destinada al quiebre y al empobrecimiento personal, porque no aprovecha la experiencia para ser mejor.

En la búsqueda de esta imagen personal, el adolescente comienza a comparar su imagen con la realidad, descubriendo potencialidades a desarrollar y limitaciones que debe superar.

El adolescente busca una continuidad e igualdad dentro de sí mismo, busca su interioridad. Es capaz de mirarse dentro de sí mismo, es la vuelta del yo sobre sí mismo. Reconoce lo que allí ve como algo propio. También su imagen incluye lo que llegará a ser en el futuro. Así logrará una visión integrada entre la percepción que él tiene de sí mismo y la que poseen los que lo rodean.

El lograr una adecuada estructura de identidad le permitirá una apertura al cambio, flexibilidad, seguridad, objetividad, capacidad de establecer compromisos personales, laborales, sociales, y capacidad para independizarse.

Pero esta intimidad no crece sin su esfuerzo y requiere:

- Ser cada día más consciente y responsable de sí mismo.
- Aprender a conocerse.
- Tener una actitud de compromiso con sus ideales personales.
- Respetarse a sí mismo y a los demás.
- Ser pudoroso con la interioridad, evitar que ésta se pierda, se mezcle con la de los demás.

Para poder llevar a cabo esta fundamental tarea, el adolescente debe poseer los recursos necesarios para hacerlo y ¿cuáles son estos recursos?

Son las fortalezas, habilidades y destrezas que ha ido adquiriendo durante la vida, lo que le permitirá ir construyendo su personalidad sobre bases sólidas y firmes.

En esta etapa el adolescente tiene posibilidad de resolver situaciones no bien elaboradas de su niñez y superarlas en beneficio de su estabilidad personal, integrándolas como parte de su historia personal, de forma que terminen siéndole útiles. Si no es así, se aislará y mostrará escasa capacidad para desempeñar adecuadamente las tareas de esta nueva edad.

El joven adolescente que ha alcanzado su madurez biológica y de pensamiento, centra su actividad y atención en el medio externo, con el fin de buscar un lugar que ocupar en la comunidad. Este debe llenar sus expectativas o, por lo menos, satisfacerlas en gran parte.

Está volcado hacia los demás, con ideas nuevas acerca de cómo debería ser el mundo y la sociedad donde vive. Con anhelo se enfrenta al mundo para desarrollar estos ideales con una actitud mesiánica, en pos de grandes metas como son la justicia, la igualdad, el amor.

Debemos tener en cuenta que la identidad de los jóvenes se afirma en logros como: tener una carrera u oficio y más adelante encontrar un puesto de trabajo concordante con sus expectativas y que conlleve un compromiso frente a la sociedad. Y la identidad en las jóvenes, en cambio, recibe su firmeza del establecimiento de relaciones interpersonales.

Esto significa que los fracasos que más impactan a los jóvenes tienen que ver con su profesión o inserción en el mundo laboral. Los jóvenes se afectan y se angustian en mayor medida por el no ingreso a alguna institución de educación superior o la falta de un trabajo estable. Para las mujeres es más significativo una dificultad para integrarse o establecer relaciones interpersonales, aunque también ahora es muy importante para las mujeres el tema profesional, la mayoría de las jóvenes con estudios superiores quieren trabajar.

## El adolescente y su desarrollo cognitivo

Se consolida definitivamente su estilo de pensamiento, es capaz de manejar información compleja, con un enfoque objetivo y utilizar su pensamiento en beneficio de su vida personal. Esto le permite un mayor equilibrio al poder evaluar sus experiencias de vida y también ir integrando, en forma efectiva, sus emociones y sentimientos. Su pensamiento le permite encontrar soluciones a los problemas y definir ideales y aspiraciones.

## El adolescente y su desarrollo afectivo

El joven adolescente ha superado su egocentrismo y la introversión propia de la etapa anterior y se orienta hacia el medio que lo rodea, hacia los otros, con una visión más objetiva de la realidad, de sí mismo y de los demás.

Adquiere mayor seguridad en sí mismo y estabilidad de sus estados de ánimo. Todo esto hace posible que sea empático, pueda comprender al otro poniéndose en su lugar. Intuye espontáneamente sentimientos, intenciones y motivos. Es capaz de hacer, por lo tanto, una clara diferenciación entre sentimientos y actitudes de otros y suyos.

El término del egocentrismo y la llegada de una forma más objetiva de ver la realidad, le permite establecer relaciones interpersonales más íntimas y duraderas. Ya no busca en el otro un reflejo de sí mismo, lo acepta de forma más real y completa.

Sus impulsos han cedido en intensidad y es capaz de controlarlos y modularlos en forma más eficaz. Esto genera un comportamiento más armonioso.

Posee la capacidad de incorporar en sí, un sistema de valores que orienten su comportamiento. Estos valores no nacen de la nada, se han venido construyendo a lo largo de la historia vital; se los ha dado la familia, la escuela, los amigos, su formación religiosa. También a esta edad puede buscar activamente valores que lo representen, desligándose de los trasmitidos por su medio más directo. Dentro de los valores más frecuentes se encuentran el amor, la familia, la igualdad, la justicia, la amistad.

Adquiere amplitud de criterio, la responsabilidad y el respeto de sí mismo van aumentando en importancia hacia el fin de este período. Está fuertemente motivado para actuar y cooperar con la sociedad, compartir y ayudar a los demás.

## El adolescente y su desarrollo social

Busca activamente un lugar en la vida y en la sociedad, de acuerdo a sus características y capacidades reales. Sus relaciones con los otros, al estar fundadas en la realidad, son más estables, armoniosas y equilibradas. Sus relaciones afectivas son comprometidas.

Una tarea importante a cumplir es el logro de la independencia y autonomía emocional: tomar sus propias decisiones. Los adolescentes, son capaces de tomar sus propias decisiones y los padres y adultos que los rodean deben permitírselos, acompañarlos, aconsejarlos, pero no decidir por ellos.

Adolescencia

Deben aprender a decidir por sí mismos y a aceptar que ellos se parecen a sus padres en muchas de sus características, que en la etapa anterior han criticado y fueron motivo de rebeldía. Las características negativas las pueden modificar, pero tienen que reconocerlas como propias y no ponerlas fuera de sí mismos haciendo a los padres los únicos acreedores.

Esta es la edad de dejarlos volar solos, es la edad en que los padres debemos confiar en el esfuerzo invertido en educarlos, hay que darles la oportunidad de ser más independientes. Es indudable que se darán porrazos, pero nadie se los puede evitar, la vida es algo que otro no puede vivir por uno.

El proceso de independencia trae consigo conflictos tanto para los padres como para los hijos. No es fácil cambiar de estilo, ni para el hijo, que ahora tiene que tomar sus propias decisiones, ni para el padre que quisiera evitarle tantos malos ratos. El adolescente teme perder el afecto de los padres, su seguridad y protección y los padres sienten temor a perderlo o a que tome decisiones poco adecuadas. Se realizan, por tanto, actos de independencia, con la respectiva cuota de conflictos entre ambos. El joven luego se aproxima de nuevo buscando la aceptación parental. El padre, por su parte, intenta ceder, escuchar y comprender para acercarse y es así como, poco a poco, los estilos cambian y los padres se transforman en compañeros y amigos de sus hijos y los hijos en compañeros y amigos de sus padres.

En cuanto a sus relaciones interpersonales, los grupos se amplían, son integrados por mujeres y hombres y, en la medida en que se van configurando noviazgos, se van convirtiendo en grupos ya no tan estrechamente ligados entre sí.

El grupo proporciona al adolescente un lugar para ensayar sus roles adultos, y también el espacio donde satisfacer sus motivaciones sociales, ayuda recíproca y comprensión. Se interesa por tener amigos verdaderos, es capaz de valorar la amistad y a sus amigos en forma profunda, desinteresada y comprometida.

Para completar el desarrollo de su identidad, el adolescente debe elaborar un plan y una concepción de la vida. Este plan es la manifestación de que el joven posee una síntesis integrada, coherente y realista de sí mismo. Implica, también, la formulación de un compromiso personal con valores, consigo mismo y con la sociedad.

## ¿Cómo ayudarlos a tomar buenas decisiones?

Algunos adolescentes actúan por impulso, según lo que suceda en el momento: siempre están reparando y se les escucha decir:

–¿Por qué no lo pensé antes?

–Me apresuré.

–¡Yo no quería eso!

–¡Quiero arrancar...! (cuando elige una alternativa que no desea enfrentar, o quiere evadirse del problema).

–¡Lo haré después! (cuando sabiendo cómo actuar en una situación difícil, la pospone hasta que no puede más. Esto le produce angustia y el problema toma dimensiones más grandes y cada vez menos domables por él).

–¡No importa si no lo hago! (se engaña pretendiendo que no es necesario tomar una decisión, lo que lo lleva a acostumbrarse a no decidir sobre su vida, que la decidan otros por él. De este modo la felicidad se vuelve lejana, no se involucra).

Los menos deciden por sí mismos evaluando las distintas alternativas.

*Para que tomen buenas, adecuadas o acertadas decisiones, es necesario:*

1. Que evalúen los distintos aspectos del problema: ventajas, desventajas, consecuencias para ellos y para los demás.
2. Que tomen una decisión basada en esa información, la cual debe ser completa y objetiva, dentro de lo posible.
3. Que estén dispuestos a no transar con sus valores personales.

Éste es el único camino para lograr más aciertos que desatinos y también la forma más segura de crecer y hacerse cargo de su vida. Siempre hay que tener en cuenta que cada decisión tomada tiene consecuencias inmediatas y a largo plazo, tanto para el que las toma como para los demás. En ocasiones se escucha a jóvenes decir: "¡Qué se tiene que meter en mi vida; yo hago con ella lo que quiero! ¿A quién le influye lo que yo decida?" No existe ninguna conducta que no involucre o deje de involucrar a otros.

Interesa mucho que el joven tenga claridad sobre sus redes de apoyo: quién lo ayuda a crecer, y con qué cuenta para lograr su objetivo. Es muy importante dar un decidido no a la soledad.

Por otro lado, ya no pueden descargar sus faltas, sus limitaciones y carencias sobre los hombros de su familia. Esta es la edad de tener en sus manos su destino, luchar con constancia y entusiasmo por sus ideales, teniendo conciencia de que no se logran fácilmente y tampoco todo lo que uno se propone. Lo importante es dar la batalla diaria por conseguirlos. La frase típica: "es que yo soy así y no tengo remedio", debe ser desterrada. Esa es para los conformistas que se contentan con poco, la frase en boca de todos debe ser: "cada día un poco mejor", " cada día un paso más cerca de mis ideales".

La familia, los adultos que los rodean y la sociedad en general debemos ofrecerles a estos jóvenes, exigentes, sólidas y coherentes banderas de lucha. De esta forma la juventud las hará propias y será capaz de sacar adelante las más grandes empresas. Sólo necesita visualizarlas y contar con el apoyo del medio para emprender el arduo y costoso camino para conseguirlas. Para los jóvenes nada es demasiado grande o imposible, tienen la fuerza de la edad, grandes ideales y la generosidad necesaria para la entrega.

## ¿Qué temas les interesa conversar a los adolescentes?

Como en este tiempo los problemas sexuales se tornan más evidentes, los padres debemos ayudar a nuestros hijos a amar la belleza y la fuerza de la castidad, con consejos prudentes. Debemos ser capaces de dar a los hijos, según las necesidades, una explicación positiva y serena de los fundamentos morales de una serie de temas.

*Sexo seguro,* como se llama hoy; consiste en tener relaciones sexuales en cualquier momento con quien a uno se le antoje, pero sin riesgo de esperar un hijo ni de contraer sida.

Esto dista mucho de ser amor, ni siquiera queda en la categoría de pasión, está mucho más cerca de una masturbación acompañada.

Explicarles que el tener relaciones de esta forma, al igual como se toma un café o se come un chocolate, no busca más que la propia satisfacción. Es egoísta, suele no dejar nada más que sentimientos de vacío, no es más que una capa de polvo que se olvidó de limpiar.

Por lo general, se comienza teniendo relaciones sexuales con alguien que se cree que va ser el único amor de la vida, el futuro marido o esposa. De ahí el nombre de relaciones prematrimoniales, pero en realidad no lo son, esta forma de llamarlas es para otorgarle al hecho algo de respetabilidad y fineza. Son cuentos que se creen los jóvenes evaluando la situación, guiados muchas veces por el ambiente, sus amigos, su emocionalidad y una afectividad superficial e intensa.

Hacerles ver que entregarse en un apuro momentáneo, sin pensar, sin reflexionar, es superficial. El amor que se inicia debería ser todo respeto, generosidad, mirando al otro como la joya más preciosa y única encontrada.

Muchas veces los adolescentes caen en esto. Uno, enamorado, es utilizado por el otro sin escrúpulos, que lo presiona a realizar esta conducta. Por lo general son las mujeres las más perjudicadas. ¿Qué pasa luego? Muchas veces llegan las culpas, otras los embarazos o relaciones frustradas, los matrimonios sólo de meses, los compromisos no queridos, amores terminados, lágrimas, penas y angustias. Después se piensa que como ya se hizo una vez habrá que seguir, porque se cree de verdad que se encontró el amor de la vida. Otras veces es sólo el hecho de encontrar una forma de satisfacción y demostrar la hombría o feminidad, un acto de rebeldía. Es sexo a la rápida, sin pensar, porque el cuerpo lo pide o porque otro lo pide, es un vacío, que empobrece y mata el corazón y las ilusiones de los adolescentes.

El fondo del asunto es que las relaciones sexuales sólo son verdaderas y auténticas cuando expresan lo que se hace: entrega total, corporal y espiritual abierta a la vida, lo cual sólo sucede en el contexto de la vida matrimonial.

El acto sexual para ser vivido en plenitud, requiere de un compromiso serio, bien pensado y para toda la vida y eso se llama y se ha llamado siempre, matrimonio. En el matrimonio el hombre y la mujer se unen entre sí tan estrechamente, que pasan a ser "uno solo". Sólo ahí es auténtica la unión sexual: se unen dos personas, en cuerpo y alma, y pueden llegar a ser padres.

La alternativa es muy clara, o ayudamos a nuestros hijos a controlar sus pasiones para que vivan en paz, o se dejarán llevar por ellas y se harán desgraciados, porque muchas veces no tienen las herramientas necesarias para enfrentar con responsabilidad las consecuencias de estas relaciones.

Educar en el amor a los hijos es al mismo tiempo educación del espíritu, de la sensibilidad y de los sentimientos, y esto requiere que les enseñemos a administrar en forma adecuada esos sentimientos que espontáneamente brotan al estar con el otro. Explicarles que el amor se caracteriza primero por el respeto hacia uno mismo, lo que trae como consecuencia el amor hacia los demás. Implica también la capacidad de dominarse y autodirigirse.

Muchas veces la tentación fuerte aparece por no tener otra manera de manifestarse el amor, o un adolescente fuerza al otro, con la clásica frase:

"Dame una muestra de tu cariño".

Adolescencia

"Esto no da para más, necesito que te comprometas de verdad".

"Si no lo hago contigo buscaré a otro u otra".

"Esto se está volviendo una rutina, necesitamos un cambio".

Puede que al inicio se rompa la rutina, y ¿después qué? ¿Qué es lo nuevo y diferente que van a poder hacer? El mayor compromiso se demuestra en otras cosas, no con éstas.

También existen otras formas más sutiles que los llevan a engañarse y a proponerse cambios en sus vidas como el plantearse "ya es hora que te hagas verdaderamente mujer u hombre" (como si tener relaciones sexuales fuera la clave para madurar). Ser verdaderamente hombre o mujer dista mucho de iniciar el contacto sexual. Según este argumento serían las prostitutas las más mujeres y los mujeriegos los más hombres. La verdad que no es así. Hoy día una de las mujeres más completas, reconocida en el mundo entero fue Teresa de Calcuta, entregada en cuerpo y alma al servicio de los demás.

Ser verdaderamente mujer u hombre es conocerse con detenimiento, conocerse las debilidades y fortalezas, tener dominio de sí mismo, tener proyectos que cumplir, tener una profunda capacidad de entrega y de servicio al otro y jugársela por ellos.

Es necesario tener la firmeza de rechazar y defender los valores. Esto hará ver lo que vale cada uno, significará que son alguien en quienes se puede confiar, que son fieles a sus principios, que tienen claro para donde van.

# Los inicios del adolescente en el amor

## ¡Tengo novio!

Para algunos padres esta afirmación significa alerta roja, cuidado, peligro inminente, se cierran las puertas, se acaban los permisos, miradas inquisidoras cada vez que salen y vigilancia a toda hora en la casa.

Para otros es prueba de que su hijo o hija tiene éxito, lo empujan, los dejan solos, les dan todo tipo de permisos como si ya fuera un matrimonio, se sienten felices y parece que los que están de novios son ellos y no el hijo. Muchas veces esta actitud lleva a los hijos a mantener esta relación por dar gusto a los padres y no porque lo suyo sea un verdadero amor.

Para la mayoría el noviazgo es algo normal, señal de que sus hijos están creciendo, están mirando hacia afuera de la casa, es una época para conversar, precisar y aclarar más los permisos. Hay que estar más cercanos a sus sentimientos, tener más delicadeza en el trato. No hay que asustarse si es más temprano que tarde, ni tampoco si es más tarde que temprano. Para cada joven existe el momento preciso. No hacer sentir a los tempraneros, como metidos, ni agrandados, ni a los tardíos como pajarones o tontos.

Es importante no apurar, no precipitar, no impedir, ni tratar de transferir nuestra experiencia a ellos. Siempre tener presente que cada uno es único e irrepetible y que su historia también lo es. La experiencia de cada padre es valiosa, saberla transmitir es un arte, pero no hay que imponerla.

Cuando se inicia el primer noviazgo es importante tratar el tema de las caricias, con delicadeza, en privado, en un momento adecuado, respetando su intimidad, pero con la verdad.

Enseñarles con toda naturalidad que cuando dos personas se quieren naturalmente les gusta estar cerca y acariciarse, pero hay que evitar esas oportunidades, que aprendan a cuidarse el uno al otro. Que procuren no estar mucho tiempo solos, que no vayan a lugares que los inciten, como son algunas discotecas o fiestas con amigos irrespetuosos.

Nos pueden preguntar ¿cuál es el límite de las caricias, de los besos, de los abrazos, cuales sí y cuáles no?

Aquí debemos explicarles que todas las caricias que los lleven a la necesidad de sentir más y más, las que no sean transparentes, las que juegan con nuestra voluntad, hay que evitarlas. Las caricias son como una pendiente, cada día se pide un poquito más. Que no se sitúen en la pendiente, que midan sus pasos para no matar el amor. Las caricias son como un resbalín, si no se está alerta, rápidamente y sin esfuerzo llegan al final.

Explicarles que existen en el cuerpo del hombre y de la mujer zonas en que se siente placer sexual muy rápidamente, se les llama zonas erógenas. Hay que cuidar con mayor delicadeza esas partes del cuerpo, porque son parte externa de la intimidad.

Hacerles ver claramente que las caricias son expresión del amor. Y que muchas veces podemos confundir la sensualidad con amor. Aclarándoles que la sensualidad es querer al otro en la medida que el otro me complazca, me haga feliz, satisfaga mis necesidades corporales.

Aconsejarles que ejerciten la fortaleza y que de esa manera verán como crecen en el amor fuerte y poderoso, capaz de emprender las más duras batallas.

Analizar con nuestros hijos adolescentes cuáles son los sentimientos que están detrás de una conducta poco delicada con su noviazgo. Hacerles distinguir entre amor y necesidad de compañía; entre querer al otro o usar al otro.

Que aprendan a ser leales en sus compromisos aunque sean temporales, porque así les ayudaremos a fortalecer unos valores muy importantes: la fidelidad y la responsabilidad.

## ¿Qué es el noviazgo?

Para algunos adolescentes es un juego, para otros la ilusión de su vida, para otros lo más complicado que les pueda pasar.

El noviazgo es el primer paso del aprendizaje del amor. El amor entre un hombre y una mujer, por lo tanto no es un juego, no es para sentirse más importante, ni para sentirse acompañado o conseguir fiestas.

Recordemos que las personas estamos hechas para amar. Aprender a amar implica seguir un camino, no se nace sabiendo, sólo se tienen los ingredientes y ni siquiera todos. Al principio no se sabe cómo hay que mezclar para que quede a punto y tampoco se sabe lo que hace falta. Pero un corazón noble y generoso es terreno propicio para que crezca. Este descubrirá la receta perfecta o casi perfecta para hacer feliz a otro y ser feliz él.

És importante que aprendan a conocerse a sí mismo y conocer también al otro, que es un mundo diferente.

## Algunas sugerencias para conversar acerca del noviazgo con los adolescentes

Cómo reaccionan frente a las penas y a las sorpresas.
Cómo se sienten juntos, qué pasa cuando están separados.
Qué cosas le agradan del otro o le desagradan.
Qué cosas del comportamiento del otro lo enternecen.
Qué aspecto del carácter lo hace sentirse un rey o una reina y qué cosas le dan vergüenza y esconderían.
Cómo arreglan las diferencias, quién cede, cómo se siente cuando es ganador o perdedor.

Comentarles que ser novios no es sólo andar tomados de la mano, mirarse a los ojos y darse besos. El noviazgo es una relación de dos para crecer y aprender a amar. Si uno de los dos se siente limitado y no está siendo una oportunidad para crecer, sino que más bien se empobrece con ello, hay que analizarlo. Puede ser que algo ande mal, es síntoma de que algo está pasando.

La relación siempre implica a dos, pero en equilibrio, no puede caer el peso sólo sobre uno. Que no sea siempre el mismo el que se mueva, el que tiene la iniciativa, mientras que el otro se deja querer. Tampoco es andar siempre midiendo lo que el otro hizo, para ver cuánto me toca hacer a mí. Ser generosos. Tiene que existir amor en los dos en la misma profundidad, pero deben recordar que existen distintas formas de expresarlo.

No teman conversar, afirmar sus principios y dar a conocer sus preferencias gustos y disgustos. Mostrarse tal como uno es, natural, espontáneo, hacer lo que hacen frecuentemente, para querer al otro, no hay que hacer nada raro ni estrafa-lario. Ser seguro de sí mismo, pensar que es una persona querida por los demás, no imitar a nadie. Cada uno es único y a ese ser único, es el que el otro quiere conocer y querer. La falsedad es como una máscara de pintura mal realizada. El mantener una máscara es insostenible, desgastador.

Afirmarles que para ser queridos no tienen que ser como algún artista de cine, amigo, líder del grupo, ni vestirse como ellos y ni tratar de imitarlos. Nada peor que una mala copia, es risible.

Explicarles que hay algunas jóvenes de 14, 15, 16 o 17 años, vestidas o casi no vestidas para imitar a una actriz o a una modelo y se mueven con apariencia sensual frente a los hombres, como para tentarlos (seducirlos) y que no son modelos de imitar.

Los padres tenemos que velar por ciertas modas, no pode-mos abandonar a los hijos al bombardeo al que son sometidos por parte de revistas, afiches, avisos y especialmente imágenes televisivas que tienden a mostrar las figuras provocativas como las modernas y deseables. Muchos jóvenes son incitados tanto por la televisión o sus amigos a caer en el desenfreno de sus impulsos, y se involucran en el ejercicio de una sexualidad sin límites. Se quedan con una parte del amor, que fuera de su contexto, lejos de hacerlos felices los empobrece, limita su cre-cimiento y matan al amor verdadero. No podemos ser descui-dados, ingenuos. Es especialmente importante preocuparnos de su tiempo libre y tomar parte activa en el uso prudente de los medios de información. De este modo ayudamos a nues-tros hijos para que su libertad sea responsable.

Animarlos a que muestren la frescura de la edad, que es lo más atractivo que tienen y cuidar de no convertir la atracción y la sensualidad en un ídolo. Lo importante es encontrar en uno y en el otro, lo mejor de cada uno.

## Enseñarles a los adolescentes que hombres y mujeres somos distintos

Hombres y mujeres somos distintos, a cada uno le corresponde una cuota de responsabilidad y una tarea que cumplir. En el plano de las caricias, el hombre debe evitar proponerlas, tener mayor control. En la mujer, en cambio, como su apasionamiento es poco a poco, se puede mantener la cabeza por algún tiempo. Es más objetiva, le corresponde frenar lo empezado.

Las diferencias más importantes entre hombre y mujer están en su modo de sentir y de vivir la afectividad. La diferencia parte por la forma particular de percibir la realidad, dos enfoques diferentes sobre el mismo hecho. Los hombres más sensuales, van a lo que se ve, se excitan con mayor facilidad; la imaginación al respecto les suele jugar malas pasadas.

El gran error de las mujeres es creer que los hombres piensan y sienten igual que ellas.

Las jóvenes sin mala intención al inicio, sólo con el afán de ser admiradas, miradas y de conquistar para ser queridas, lucen sus cuerpos, sin saber, o sabiendo inconscientemente, lo que esto provoca en los jóvenes. Conviene que tengan claro que todo esto no provoca en ellos los mismos sentimientos o reacciones que en ellas. Por ejemplo, el hombre frente a un bikini pequeño, en el que se insinúa todo, o frente a un pantalón apretado, no piensa, qué linda es esta mujer, qué amorosa, qué ganas de conocerla. Más bien piensa de manera más bruta como qué lindo trasero, qué ganas de apretarlo.

El gran error de los jóvenes es pensar que ellas están insinuándose y queriendo algo que ellas muchas veces no pretenden.

Es bueno tener en cuenta que cuando los hombres dicen que no, es no. No hay nada de por medio. La mujer puede decir que no quiere, para que el otro se dé cuenta de que lo dice porque él no quiere, pero a ella le gustaría. El hombre tiene que saber descifrar este mensaje oculto y responder a él. La mujer por su parte debe comprender que él ya expresó su opinión y no hay nada detrás de ello, por lo tanto no buscar lo que no existe.

Las mujeres, más afectivas, más tiernas (para ellas el sentimiento es más relevante), les agrada un "te quiero" al oído, una rosa de regalo, una poesía. Fáciles de conmover y de herir porque andan preocupadas por los detalles.

Los hombres van a lo grueso, para ellos ir a verla es el signo de que la quiere. Ella necesita un gesto que se lo indique en forma explícita, con un "te quiero", "te eché de menos", "me haces falta".

No es raro ver a un hombre diciendo, "¡Pero si yo no le hice nada¡" y la mujer le replica "justamente por eso lloro, por que no hiciste nada, se te olvidó nuestro aniversario de novios".

## Advertencias prácticas
## para que tengamos en cuenta

No hace mucho tiempo éramos las mujeres quienes les poníamos límites a los hombres, ellos sabiendo esto siempre pedían un poquito más. Ahora los límites los tienen que poner ambos, en beneficio de algo de mayor valor. No es fácil, requerirán ayuda, no teman pedirla.

La impulsividad juvenil hace muchas veces tomar decisiones equivocadas, precipitadas que hacen sufrir decepciones y penas.

El enamoramiento del amor, más que de la persona, algo normal en los primeros pasos, hace ver cosas donde no las hay. La falta de experiencia hace sentirte muchas veces incomprendido y fracasado.

El fracaso no puede llevar a ser receloso o a temer al amor y al compromiso. Cada vez se aprende algo más, no llenarse de prejuicios y saber enfrentar cada amor como si fuera el primero, con inocencia y frescura, y con la sabiduría que se ha adquirido del anterior.

Es bueno aconsejarles no tener muchos noviazgos. Para sentirse el que más sabe, no es necesario apresurarse.

El amor se va desarrollando en etapas, el que muchos noviazgos cortos siempre se queda en la entrada o con la introducción.

## A continuación se describen etapas
## del adolescente en busca de su primer amor

Etapa 1:
El primer contacto

Antes de empezar un noviazgo es el primer acercamiento, tarea de esta etapa es conseguir que el otro se fije en uno y lograr ser correspondido. Hay que conversar, salir, bailar, hablar por teléfono, conocer a sus amigos y su casa. Se pasa a la próxima etapa si logra interesar al otro. Precaución: no confundir amistad con interés.

Etapa 2:
Declaración
Se busca el momento apropiado, hay que prepararse para la ocasión. Tener alguna seguridad de que la contestación será positiva. Saber dar a conocer nuestros sentimientos y saber intuir los del otro. Precaución: no apurarse, ni precipitarse.

Etapa 3:
Presentación en sociedad
Es la hora de las presentaciones oficiales entre los amigos y familiares, prueba de fuego, cumpleaños del suegro, por ejemplo. Todos evalúan si se comporta adecuadamente, si es alguien apropiado. Precaución: no fingir, ser uno mismo.

Etapa 4:
De las peleas y las dudas
Ya pasó la novedad, ha pasado el tiempo y la rutina se presenta. Es el período de no saber qué más hacer con el otro, de verle algunos defectos. Se supera conociéndose más, encontrando entretenciones conjuntas, si se mueren de aburrimiento, no eran el uno para el otro. Precaución: no dejarse estar, el amor se alimenta de pequeños detalles, no de grandes regalos.

Etapa 5:
Fortalecimiento del amor

Han pasado los meses o años, se conocen bastante bien, ahora les corresponde profundizar en temas de interés, ver más al fondo, valores, sentimientos profundos, estados de ánimo, superación de las diferencias, proyectos en común. Aquí se ven las diferencias de estilos de vida. La tarea es diferenciar entre emoción y sentimiento. La emoción es la que guía las etapas iniciales, es intensa y superficial, por lo tanto frágil, aquí mueren muchos noviazgos. En la próxima etapa, en el noviazgo deben primar los sentimientos, menos intensos pero más profundos, estables y duraderos.

## Sugerencias que podemos conversar y entregar a los adolescentes para que sus noviazgos o compromisos sean más estables

1. Aceptación del otro: es tener conciencia de que el otro es una persona diferente a uno, con características distintas, con debilidades y fortalezas que hay que conocer. No hacer al otro a nuestra imagen.
2. Fidelidad y lealtad: es ser sincero con el otro, respetar el compromiso contraído. Ser defensor del otro frente a los ataques. Saber guardar sus secretos, no mostrar a otros sus debilidades.
3. Sacrificio: saber renunciar a los gustos y necesidades en beneficio del otro. Estar siempre dispuesto a hacer todo el esfuerzo posible en beneficio del otro, aunque implique afrontar una pelea.

4. Admiración: es encontrar en el otro fortalezas que yo admiro y que me gustaría poseer, ayudando al otro a que continúe descubriéndolas para su crecimiento personal.

5. Actos y palabras: obras son amores y no buenas razones. El amor hay que alimentarlo con hechos concretos. Cuando cedemos en nuestros gustos, cuando me acuerdo de hacer lo que al otro le gusta, cuando evito ponerlo en dificultades.

6. Escucharse y compartir: estar juntos, tener conversaciones profundas. Salidas y visitas, conversar de temas interesantes, tener actividades con otros. Es difícil mantener un amor a distancia, pasan muchas cosas que son imposibles de transmitir. Al estar en pleno período de crecimiento los cambios son muchos y puede que se tenga un noviazgo con una persona fabricada por uno y no con una persona real. Sólo se dan cuenta, cuando se vuelven a ver.

7. Respeto: es conocer el valor del otro y de uno mismo, para no comportarse de cualquier forma. No acostumbrarse a tratarse a insultos, no exigir al otro que pase por encima de sus valores o principios, no pedir que piense y actúe como uno quiere que lo haga, cuidar las caricias sin límite y alejar del otro todo lo que lo pueda dañar.

## A continuación entregamos algunas cartas escritas por adolescentes

¿Aló? Líos de amor

¡Hola! Soy Macarena:
Tengo 15 años, ayer en una fiesta conocí al hombre de mis sueños, alto moreno, simpático.

Adolescencia

¿ Qué puedo hacer para conquistarlo?
Firma: Macarena

Querida amiga, puede que éste sea o no el hombre de tus sueños. El estar un rato con él y hablar de un par de temas, no te llevará a conocerlo en profundidad y saber que él es realmente el hombre de tus sueños.

No existe amor a primera vista, lo que te pasó en esta ocasión es un encantamiento. No te apures, date tu tiempo, no lo persigas como loca, no lo llames con frecuencia, ni hagas nada tan especial, que eso a los hombres no les agrada, como a ti tampoco pienso que te guste que te acosen. Sé sutil, natural, muéstrate como eres, si es el hombre de tus sueños acuérdate que tú también tienes que serlo para él. El amor es de dos, procura que la búsqueda sea equilibrada, trata de verlo en otras ocasiones, encuéntrate con él en forma casual, conversa con él. Muestra de a poco tus encantos y sé tú misma. Pienso que así te irá bien, suerte y adelante.

¡Hola! Soy Nicolás:
Hace meses que creo estar enamorado de mi compañera de curso, Soledad, no sé cómo hacer para acercarme a ella, siempre está llena de amigos de los cursos superiores y a mí no me da ni la hora. ¿Qué puedo hacer?
Firma: Nicolás

Nicolás, te voy a contar que las mujeres maduran antes que los hombres, por eso buscan a chiquillos de cursos superiores. Por maduro que tú seas a esta edad, es difícil que se fije en ti. Si no tienes temor a acercarte y conversar, puedes ser su amigo, que te conozca como eres. Como sabes, en unos años más la figura cambia, tú madurarás y pueden encontrarse de nuevo. Pero esto no te tiene que privar de salir con otras jóvenes y seguir tu camino. Si es la mujer de tu vida habrá un reencuentro en un tiempo más adelante, pero te aseguro que lo más probable es que ya no estés interesado y tengas una novia menor que tú.

¡Hola! Soy Eduardo:
Es tremendo en lo que estoy metido, tengo 15 años y mis amigas me dicen que soy estupendo. Me llaman por teléfono todo el día, varias niñas me han propuesto andar con ellas. Yo no estoy enamorado de ninguna y tampoco me gusta andar con varias. Quiero enamorarme y tener una novia. Pero mis amigos me dicen que me paso de tonto, que ande con varias, que la pasaría bien, pero a mí me aburre lo que no me cuesta esfuerzo, pienso que las tan fáciles son unas tontas, con poca personalidad y ninguna seguridad en sí mismas. También me siento acosado y perseguido y eso no me agrada. ¿Qué crees que debo hacer?
Firma: Eduardo

Querido amigo, se nota que tienes una gran madurez y profundidad en tus afectos. Inicia un noviazgo cuando te enamores y no entres en el juego peligroso de andar con varias porque esto puede matar el encanto del amor. Cuéntales a tus amigas que a ningún tipo le agrada tener una novia que sea poco formal.

Que las que se conforman con poco, nunca se sabe si quieren de verdad o están jugando, es peligroso y molesto meterse con ellas. Aconséjales a ellas que no se dejen usar por amigos, si las quisieran de verdad nunca las usarían

Adolescencia

como lo hacen los que proponen el andar, lo quieren todo sin dar nada, caricias sin responsabilidad, eso es frescura.

¡Hola! Somos Sergio y Eduardo:
Somos dos íntimos amigos, ahora no tan íntimos. Todo empezó cuando nos enamoramos los dos de Cristina, ¿cómo podemos solucionar el problema y seguir siendo buenos amigos?
Firman: Sergio y Eduardo

Esta situación no es fácil de solucionar, pero no es imposible, requiere de un esfuerzo de ambos para salir del problema. La solución más salomónica es que hagan un pacto de honor de no intervenir. Que sea ella, quien sin saber, decida a quién llama, a quién invita, así ella lo decidirá. Ojo de no torcer las cosas, no tener envidia si invita a uno o al otro. Lo más posible es que ella pase y no se quede con ninguno, por lo tanto encuentro razón a ustedes sobre que deben cuidar su amistad. Conversen mucho, ríanse de sí mismos y no se enojen. Estoy segura que si son buenos amigos esta será una experiencia más que agregar a su historia de vida en común.

¡Hola! Soy Manuel:
Anoche me puse a noviar, apenas la conozco, no sé que me pasó. ¿Qué voy a hacer ahora?
Firma: Manuel

Ahora querido amigo, no te queda más que ser sincero y valiente para enfrentar la realidad. Mientras antes mejor, sé delicado para decírselo y aprende a no vivir la vida como si

162

mañana se fuera a acabar. Que te vaya bien y no te apresures, ni seas tan impulsivo para la próxima vez.

¡Hola! Soy María:
Estoy enamorada hace un mes, me fascina mi novio pero me siento encerrada.
¿Tú crees que puedo salir con otros y que mi novio no se enoje?
Soy chica, tengo sólo 15 años para cosas tan serias. Dime: ¿cómo debo proceder?
Firma: María

Que aún eres chica, es cierto, que no es bueno encerrarse también, pero no quieras tenerlo todo, porque seguro te quedarás sin nada. Si sientes que tu novio te limita, ve que pasa en él. A lo mejor están haciendo un círculo muy cerrado en torno a los dos y basta con ampliarlo. O también revisa bien tus sentimientos, puede ser que ya no lo quieras y no es sano mantener esa relación. Es tiempo de pensar en conjunto, ¡atrévete!

¡Hola! Soy Isabel:
Inicié un noviazgo con Pedro, pero en realidad me gusta su amigo Rodrigo, me hice novia de él porque me lo pidió primero. Rodrigo andaba con otra niña, ahora ya no tiene novia y volvió al grupo. ¿Qué debo hacer?
Firma: Isabel.

Veo que eres un solo enredo, lo que te hace falta es una brújula y momentos de reflexión y de encontrarte contigo misma. El jugar con los otros no es bueno ni para ti, ni para los demás, ten conciencia de que el noviazgo no es un juego, ni para llenar tus vacíos del crecimiento, ni para sentirte acompañada si estás sola, ni para que te sirvan de paño de lágrimas, ni para ser la más audaz. El jugar con Pedro, no fue una bonita actitud. Lo puedes dañar y además dañar la amistad entre ambos. Ten en cuenta que todo lo que se hace se paga más temprano que tarde. Lo que puedes hacer ahora es ser muy sincera con Pedro y alejarte un rato de Rodrigo. Estoy segura de que te servirá para crecer y no es fácil hacerlo.

¡Hola! Soy Teresita:
Acabo de terminar con mi novio. Y parece que me he vuelto a enamorar de mi antiguo amigo Matías. Este me pidió ser su novia, estoy confundida, no sé si debo decirle que sí o que no. Mis amigas dicen que no importa que salga con otro, a mí me parece que sí, me siento como si realmente no me pudiera enamorar seriamente de nadie. Ya no sé qué hacer. Contéstame pronto
Firma: Teresita

No te enredes tanto, primero piensa bien lo que vas a hacer, no te apures. Si Matías te quiere de verdad, te va a esperar. No te recomiendo iniciar una nueva relación. Tómate un tiempo para conocerse y compartir juntos, toma aire fresco, mira hacia afuera. No actúes hasta que estés convencida TÚ MISMA, qué es lo mejor para los dos.

¡Hola! Soy Agustín:
Soy Agustín tengo 16 años, creí que me gustaba Francisca, salimos bastante, no soy atolondrado, me declaré la se-

mana pasada y me dijo que sí. La noto súper entusiasmada, y me di cuenta que ya no la quiero. No quiero herirla, por eso no quiero decirle nada de terminar. Pensé decirle a una amiga de ella que sondee el panorama o que le insinúe que yo ya no la quiero, o ¿crees que es mejor que no la llame durante un tiempo? Estoy echo un lío, no quiero perderla como amiga, ¿qué hago? Estoy desesperado.

Firma: Agustín

Querido Agustín, es normal a tu edad que los sentimientos se enreden, que te confundas. Lo importante es no causar daño a nadie, y crecer y aprender de la experiencia. Yo te recomiendo la sinceridad y la lealtad ante todo, nada de intermediarios, tú mismo busca la ocasión para conversar el tema en forma directa, tampoco lo comentes con tus amigos. Entre los dos busquen la solución al problema, a lo mejor conociéndola un poco más al estar juntos y conversar de lo que te pasa, te das cuenta y descubres lo que te gustó de ella en un primer momento. Puede también que terminen como buenos amigos, eso sólo es posible cuando el asunto queda entre dos y no se meten terceros.

Adelante Agustín, están bien tus sentimientos, estás creciendo en la dirección correcta.

¡Hola! Soy Cristián:

Tengo 16 años y estoy saliendo con dos. Los veranos son fatales, parece que el estar de vacaciones me hace pésimo. Las quiero a las dos a morir. Ahora te cuento qué me pasó, yo soy novio de Carmencita desde mayo del año pasado, nos separamos súper enamorados en enero, ella con su familia partió al norte y yo con la mía al sur. Me encontré en ese lugar con un grupo donde estaba Camila, conversamos mucho de Carmencita, ella me consolaba de la pena de no tenerla y de repente no sé cómo pasó, pero las quiero a las dos. Le escribí a Carmencita con mucha pena para terminar. Entonces decidí andar con Camila, pasamos el verano juntos. Ahora es marzo y Carmencita me llamó, no le llegó mi carta y la quiero a morir. Pero también a Camila ¿qué hago?

Firma: Cristián

Querido amigo corazón de alcachofa, no puedes seguir en esta situación, porque estás dañando a tus amores y metiéndote en un tremendo lío. Nunca se debe terminar una relación por carta, es mejor esperar y hacerlo personalmente. Así puedes tener más tiempo para pensarlo. Tu pena para terminar debería haber sido una clave de la falta de claridad de tu apresurada decisión. La distancia en los noviazgos recién iniciados y a tu edad juega malas pasadas. Ahora tómate tu tiempo. Camila tiene conocimiento de tu amor anterior o conjunto, por lo tanto deja pasar un tiempo sin verla. Puede que te hayas enamorado de ella reemplazando tu amor por Carmencita, pero es un simple comodín. Tienes que ser sincero con ella y contarle lo que te pasó en el verano, seguro que te van a matar, pero también puede que a ella le pasara lo mismo, conversen. Sepárate de ella también hasta saber a quién quieres de verdad, esta imprudencia te puede costar el amor de las dos, pero siempre las puedes volver a conquistar. Sé valiente, afronta tus equivocaciones y que te quedes con la que verdaderamente quieres.

**Capítulo 8**
**Preparemos a nuestros hijos**
**para que disfruten del amor**

# Capítulo 8
# Preparemos a nuestros hijos para que disfruten del amor

## El noviazgo

Gran empresa y desafío es el camino que próximamente van a emprender. Sólo los fuertes, valerosos y decididos lo logran. Para los débiles y cambiantes, el amor es tarea imposible de emprender y disfrutar. Ellos disfrutan de las sombras del amor, esas sombras que sólo duran unos instantes y luego llega el vacío, la nada; éstos corren detrás del amor propio y por eso sólo obtienen migajas del amor verdadero. Este último todo lo soporta, todo lo espera, enfrenta el desafío y es gozador de una felicidad plena, de un pedazo de cielo y sale victorioso hasta de las peores pruebas.

El hombre y la mujer están hechos el uno para el otro, no son casualidad sus diferencias tanto en el plano físico como psicológico, que los empujan y los conducen al encuentro. Y ese amor entre ambos en el matrimonio da sentido a la vida, es el camino que los hace plenamente felices. El matrimonio es lugar de consuelo, de llegada y acogida, de gozo pleno, de entrega plena, de felicidad compartida. Es comienzo y centro de la vida familiar.

El amor se alimenta cada día. En el inicio es sólo una pequeña llama encendida, que se apagaría con un leve soplido. Luego, con el compromiso y en el matrimonio se convierte en una fogata que se debe ir alimentando con los leños del amor, que son los pequeños gestos de cada día, y así se hará un fuego difícil de apagar. El viento de las dificultades, las penas, las contrariedades, lo hará crecer aún más.

El amor intenso y superficial, debe ir pasando por distintas etapas para llegar a la profundidad, confianza y estabilidad, que no es sinónimo de rutina, sino base de la tranquilidad que nos permite despegar muy alto.

El conocimiento del otro avanza desde lo externo, visible y grueso, hasta captar lo más interno, lo menos visible, lo más escondido, fino y complejo de su alma. Este conocimiento se inicia con el primer encuentro, pero adquiere su real dimensión cuando se piensa en el matrimonio.

El noviazgo es por lo tanto un tiempo para conversar, compartir y tratar temas de relevancia. Es un tiempo para intentar mirarse tal cual somos; para descubrir o comenzar a descubrir las limitaciones del otro. Nuestro amor no puede estar puesto en lo que el otro tiene que lograr, si no en lo que la persona es.

Este también es el momento para analizar con el otro las fortalezas, defectos, tendencias, gustos, disgustos, que tiene cada uno y cuáles podrían encontrar para compartir.

Por ejemplo, los dos son buenos para gastar más de lo que tienen, por lo que posiblemente tendrán serios problemas a final de mes para pagar cuentas. Se pueden generar grandes problemas en el matrimonio. Es bueno por lo tanto anticiparse y pensar una solución conjunta, como por ejemplo, repartir el sueldo en semanas y no gastar más.

Muchos amores finalizan junto con el término del trabajo, o con él termino de la holgura económica o con el fin de la belleza física o con la enfermedad. Son amores fundamentados no en el ser del otro, sino amores que han hecho alianza con los aspectos del otro que le reportan satisfacción, agrado, placer, seguridad, imagen de la cual colgarse, son todos los aspectos del otro que reportan utilidad.

Hay que tener presente que nunca habrá cambios sustanciales en las personas durante el matrimonio. Totalmente falsa es la frase típica: "cuando me case voy a ser distinto o distinta". En los años de bonanza, en que todo fluye, buen trabajo, sin grandes problemas familiares, los defectos se compensan o se debilitan. Cuando vienen las dificultades, los defectos se acrecientan y las virtudes se opacan. Si durante el noviazgo, alguno de los dos deja al otro por irse con sus amigos, eso no va a cambiar después de casados; si alguno toma mucho alcohol, seguirá haciéndolo, y así infinidad de ejemplos.

El noviazgo es un tiempo lleno de fantasías, ilusiones, fiestas, regalos, planes, proyectos, cada día algo diferente, distinto, todo nuevo, lejos de la rutina, es fácil dar lo mejor de nosotros mismos, por esto si en este período existen cosas que les incomodan, que llevan a que no se toleren, mejor es detenerse y pensar en la decisión que se está a punto de tomar. No sólo se trata de tolerar aquellas cosas que nos incomodan del otro, sino que tendremos que comprenderlas y aceptarlas.

## Hombre y mujer somos distintos

Y por suerte somos distintos y pensamos, actuamos y sentimos diferente. La femineidad y masculinidad son dones complementarios, las diferencias llegan desde distintas fronteras que enriquecen a cada uno y al amor entre ambos. Somos distintos y somos complementarios, lo que a mí me falta lo tiene el otro.

Las diferencias físicas, psicológicas y espirituales entre hombre y mujer nos penetran y nos califican en todas nuestras actuaciones, en la forma de pensar, de querer, de sentir, de crear y de hablar. Estas diferencias se corresponden con los diferentes roles que cada uno asume en la gran tarea que implica tener una familia.

También tenemos distinta historia de vida, distinta educación y formación; distintos caracteres, distintas formas de enfrentar los problemas, distintas capacidades, distintas habilidades, y por suerte también distintos defectos.

Las diferencias psicológicas más globales entre el hombre y la mujer se pueden resumir en lo siguiente. El hombre tiende a ser más expansivo, lanzado a la conquista y a la dominación del mundo. La mujer en cambio es más afectiva, va más hacia el interior, hacia el recogimiento, al contacto consigo misma y con los otros, es generadora de lazos, va más al cuidado de otros, a la entrega, al origen, a lo permanente. De alguna forma, la mujer es más misteriosa, más difícil de descubrir; le cuesta conocerse a sí misma y que otros la conozcan.

La mujer es más intuitiva y va más allá de lo evidente. El hombre es más racional, centrado en datos concretos, directo. Ella cobija, acoge, tiene fuerte amor por la vida, se debe a que ella da la vida, dentro de sí nace la vida.

Pensemos en ejemplos concretos en que las diferencias entre hombre y mujer, las formas de expresar y enfrentar la afectividad de ambos, generan tremendos conflictos, con los consiguientes enojos, penas, resentimientos y "pasadas de cuenta" con posterioridad.

"Dime que me quieres". Al principio de forma sabia y espontánea el amor entre ambos fluye, y ella le pide a él que le manifieste su cariño con palabras dichas con amor, al oído, cerca y cálidamente. Como para él no es necesario escuchar con frecuencia palabras que manifiesten el amor de su mujer, porque lo ve en las obras, se olvida de decirle lo que a ella tanto le gusta y que le parece tan necesario como el aire.

La situación anterior ilustra lo complejo del pensamiento de la mujer y lo directo y sencillo del estilo masculino. A la mujer le es más fácil comprender al hombre, éste es directo, transparente y sin misterio. Al hombre en cambio, le resulta difícil comprender a la mujer. El hombre conoce desde fuera hacia dentro, la mujer desde dentro hacia fuera.

## Temas a conversar con detenimiento antes del matrimonio

El noviazgo es necesario para lograr una profunda intimidad entre ambos. Es una etapa de profundización en el conocimiento del otro para identificar valores, intereses, formas de enfrentar la vida y sus problemas, sentimientos, gustos, disgustos, grado de desarrollo personal.

Hay algunos temas que es necesario hablar antes del matrimonio. De esa forma los novios se ponen en situaciones que aún no han vivido y que les ayudará para anticipar soluciones a cuestiones que pueden causar conflictos y malos entendidos en el matrimonio.

Las cosas que cada uno da por supuestas del otro, son tan amplias, que para no encontrarse con sorpresas muy difíciles de asumir, es mejor conocerlas desde el inicio. Enfrentar cada uno de los siguientes temas reduce la amplitud de las suposiciones: qué esperas de mí, qué espero de ti.

Es importante conversar de las expectativas que cada cual tiene cifradas en el otro. Por ejemplo, en un matrimonio nunca se había hablado del tema, se casaron y ella esperaba poder dejar de trabajar para terminar sus estudios suspendidos por falta de recursos, él no esperaba lo mismo. Problemas, roces, llantos, desilusiones.

Cada uno debe expresarse con claridad sobre lo que quiere lograr junto al otro, qué metas quieren alcanzar, personales y conjuntas. El fijarse metas y conversar de ellas, es una vía expedita para conocer los rincones más profundos del corazón.

1. *Los hijos y su educación*
   Cuántos hijos y cuándo. Es importante tocar este tema, saber lo que espera uno del otro, qué piensa de la maternidad y de la paternidad. Para uno de los dos, los hijos pueden ser muy importantes, pero puede darse que para el otro sean sólo algo que llegará inevitablemente algún día, ojalá no muy cercano. Definir criterios en la educación de los hijos, búsqueda de escuelas.

2. *Sistema de contrato matrimonial*
   Cada uno debe averiguar qué significa un sistema u otro, y qué les conviene más a los dos.

### 3. Expresión de la sexualidad

El noviazgo es el momento de hablar de este tema a fondo: cuáles son mis temores, qué significa para mí, qué creo no conocer en el otro. Los dos tienen que conocer algunos aspectos básicos de la sexualidad, del acto conyugal, del embarazo.

En el acto conyugal la sexualidad debe fluir como expresión del amor de ambos, confiada, espontánea y natural. Dándose tiempo para aprender, experimentar y compartirse plenamente. No existen estándares a cumplir, las metas las ponen los dos, por lo que mucha información suele entorpecer la plena y completa expresión, ya que se trataría de imitar cosas que otros han logrado. Cada uno debe dejar salir la ternura, la pasión, la fuerza, la necesidad de unión completa. Se trata de vivir dentro del matrimonio plenamente, el sentido y la finalidad de la sexualidad.

La sexualidad necesita estar incrustada en la vida compartida: muchas otras cosas tienen que ser satisfactorias para que ésta también la sea, por ejemplo el divertirse juntos, el sentirse comprendidos, estimados y valorados. Cuando estas otras cosas van bien encaminadas, la vida sexual, siendo muy importante, pasa a ocupar un lugar menos importante que al comienzo. Cuando la vida sexual se toma demasiado en serio, fácilmente decepciona, empieza a satisfacer cuando es desinteresada. Muchas veces se enfrenta la primera noche con mitos, desinformaciones y prejuicios, que coartan la expresión propia de la sexualidad. Cada uno tiene que expresarse con naturalidad. Se va aprendiendo juntos a disfrutar plenamente de la sexualidad.

*4. Administración y utilización de los recursos materiales*
¿Cómo vamos a gastar? ¿Con cuánto dinero contamos? ¿Cada uno con lo suyo? ¿Y para los gastos comunes, cómo? ¿Un solo bolsillo y dos cuentas?...

Alternativas hay múltiples y cada matrimonio debe ver la que le acomoda más. Hay que tener en cuenta que el gasto diario en la casa es permanente y está lleno de pequeñas cantidades y de muchos imprevistos. Por lo tanto deben ponerse de acuerdo en un monto para el funcionamiento diario del hogar. Que no tenga ella, o él, según sea el caso, que mendigar unos pesos todos los días. Esto también mata el amor. Uno de los dos puede sentir que da mucho al otro, y no sabe en qué gasta, cree que a lo mejor no administra bien. Hay que hacer ver a estos maridos o mujeres, qué les parecería si ellos tuvieran que dar un informe diario sobre cómo gastan su sueldo. En algunos matrimonios se da un marido gastador, que no puede mirar vitrinas sin comprar algo electrónico o mecánico, le sea útil o no, o se desmide cuando convida a sus amigos.

*5. Relación con las familias de origen*
A pesar de que ambos han tenido múltiples contactos con la familia del otro, es importante ver cómo se relacionarán con ellos una vez casados.

En este sentido es fundamental para un sano desarrollo del matrimonio, tener un lugar propio donde se pueda ser independiente, donde estén solos, donde puedan arreglar sus diferencias sin la intervención de terceros; donde puedan expresar su afectividad con espontaneidad.

Las familias de origen son importantes, pero primero y ante todo está la propia familia. Si él está cansado o se siente mal y están convidados a almorzar a la casa de los padres, la primera opción de la mujer es quedarse a cuidarlo. Delante de terceros es fundamental apoyarse mutuamente, aunque no se esté de acuerdo, y después hablar de las diferencias. Siempre deben sentirse respaldados.

Ayuda en las relaciones familiares, sobre todo en un inicio, que cada cual arregle y haga de intermediario con su propia familia. Si dos hermanos, o madre e hija o padre e hijo, se pelean, tú hazte a un lado, porque ellos se arreglarán en un abrir y cerrar de ojos, contigo delante será difícil de olvidar, aún más si intervienes en la pelea.

La preocupación por la familia de origen de cada uno no debería perderse nunca. Al contrario debe consolidarse con la llegada de los hijos, donde ellos deberán admirar a abuelos y tíos. Es muy importante el papel de la madre para involucrar a la familia del padre en la relación con los nietos.

## Dos grandes razones para no iniciar las relaciones sexuales antes del matrimonio

Lo común a todos es el anhelo de alcanzar y vivir la felicidad. En esta búsqueda, a veces frenética, se toman opciones que pueden no ayudarnos a alcanzarla.

La práctica de relaciones prematrimoniales se ha extendido, pues pareciera ser una acción que produce felicidad con poco esfuerzo. Aparece por lo general en los que se sienten solos, los poco comprendidos, los que buscan refugio, y en aquellos que queriéndose, desconocen su verdadero significado y su trascendencia.

**I. Primera gran razón:** una entrega corporal que no fuera a la vez entrega personal, sería, en sí misma, una mentira. Cuando la sonrisa no expresa actos del amor, es un gesto forzado, una mueca, no expresa algo, más bien lo oculta.

El error de esta "práctica" radica en diversas falacias:

- Fundamentalmente en no entender o no querer ver que las relaciones sexuales sólo son auténticas en el contexto del verdadero amor de compromiso o matrimonio. Esto se debe a que tienen un sentido y un significado propio, inscrito en la naturaleza del acto: donación y apertura a la vida.
- En no contrastar el presente con las posibilidades que se abren en ese instante. En no darse cuenta de las implicancias ni mirar más allá en el tiempo. En no evaluar la futura felicidad, en no profundizar el sentido de las acciones.

**II. Segunda gran razón:** son múltiples las consecuencias que afectan la vida de cada uno y que se derivan de ir contra la naturaleza.

Se pierde la capacidad de maravillarse ante la sexualidad, que es un aspecto muy importante en el desarrollo afectivo de ambos. Las relaciones prematrimoniales le quitan al matrimonio todo lo hermoso del irse descubriendo, ir avanzando lentamente y disfrutando del otro, ganando espacios para sí y entregándose al otro. Se pierde la capacidad de disfrutar porque se apuran las cosas, se van negando a sí mismos la posibilidad del descubrimiento lento, confiado, placentero. No poder postergarse por sólo algunas horas o días más. La entrega total, confiada y completa no es posible cuando es para probar, para experimentar, por si resulta.

Muchos creen que como la relación conyugal es muy importante para el buen resultado de su matrimonio, es importante probar si se ajustan, si son "compatibles sexualmente". Enfrentar una relación con esa premisa, es buscar sólo el placer personal y usar al otro como objeto de placer.

Siempre se genera un conflicto social y personal muy intenso. En lo profundo del ser, la persona se da cuenta de que las relaciones prematrimoniales no son adecuadas, que están fuera de contexto. Atentar contra la virginidad causa sensación de impureza y falta de lealtad a los principios y sentimientos de culpa. En la mujer puede producir sentimientos de haber sido usada y en el hombre de ser usurpador.

Se pierde libertad. Las relaciones íntimas entre ambos no son cosa desechable ni de prueba. Una vez establecidas no permiten irse cuando uno quiera, no se puede cortar la relación así no más, porque queda ese lazo. No hay libertad para decidir cuándo tener relaciones sexuales, y ambos pueden sentirse obligados por ellos mismos o por la sociedad a casarse. A nivel prematrimonial, el crear lazos tan fuertes produce una atadura física entre ambos. Puede favorecer infidelidades posteriormente en el matrimonio. Cuando ya se ha experimentado con otros u otras, se desvaloriza la sexualidad, se pierde su real sentido y su misión. Por eso, cuando llega el matrimonio, se cae fácilmente en otras relaciones que terminan por destruirlo.

Para estar bien con uno mismo se le quita importancia a estas relaciones esporádicas, "no pasa nada, todos las tienen, no significan nada, nunca la voy a dejar, él o ella será de verdad el padre o la madre de mis hijos". Se separa lo erótico del amor, deja de ser unidad para ser escindido, dividido, se pierde perspectiva, profundidad y seriedad, se viven dos vidas paralelas.

Existe la posibilidad de concebir hijos fuera del matrimonio. La presencia de un hijo desde el inicio de la relación del matrimonio, dificulta el desarrollo de una identidad y por lo tanto el logro de la intimidad. Por eso los niños no llegan al instante de pedirlos, se demoran nueve meses. Este es un tiempo para que ambos desarrollen con la fuerza del amor recién estrenado, el proceso de lograr una identidad como matrimonio.

Los hijos no deseados llevarán siempre el estigma de haber sido accidentes de padres despreocupados. Otros nunca tendrán la oportunidad de nacer porque serán abortados. La venida de un niño en esas condiciones en ocasiones precipita matrimonios, que se saltan etapas en el proceso de compromiso, restringiendo la posibilidad de tomar una decisión libre. Aunque se sientan verdaderamente libres, siempre surge la duda de si se casan para no pasar vergüenza ni apuros, o porque simplemente necesitan compañía. En ella surge la duda de que él se casa por el niño y no porque la quiera verdaderamente. Muchas veces ni siquiera se conversa el tema y es algo que flota en el ambiente como una nube negra de desconfianza y que será la base de muchas discusiones o desencuentros.

Existe la posibilidad de contraer enfermedades venéreas que pueden transformarse en una barrera insalvable para tener nuevas y estables relaciones. El ejemplo más dramático, el sida. Cada día se propaga con más fuerza y es posible el contagio con una sola relación sexual con alguien infectado.

Hablamos de la enfermedad en último lugar porque nunca el temor debe hacernos tomar decisiones, sino sólo un profundo convencimiento. Las relaciones antes del matrimonio no parecen traer nada positivo, si no más bien un cúmulo de problemas y situaciones que pueden marcar el desarrollo afectivo de la persona y no permitirle establecer y gozar de una relación conyugal plena y satisfactoria.

## ¿Qué es el amor?

Muchos se preguntan qué es el amor, y por supuesto la definición suele quedar corta. Para Platón el amor es una especie de éxtasis. Afirma que el amor que se tiene al cuerpo bello debe pasar al amor del alma bella y de éste a Dios.

Y esto en la práctica es cierto. Al inicio se centra en lo de afuera, en la belleza externa, después en lo bonito y bueno que se esconde dentro de cada uno y por último trasciende de los dos para buscar, los dos ya como uno, el amor de Dios.

El amor conyugal es exigente, requiere de fidelidad, de estabilidad, de compromiso. La entrega total se manifiesta externamente en el acto conyugal, los dos como uno solo, siempre con una doble e integrada finalidad de unirse y procrear, cooperando con la obra creadora de Dios, acogiendo la llegada de los hijos, que son los frutos del amor. El bien de los cónyuges es inseparable de la realidad de los hijos.

El hombre y mujer buscan el amor porque saben que junto con él viene la felicidad. Pero se equivocan cuando lo buscan como un producto terminado que viene desde fuera. El amor es un producto que se construye paso a paso, con esfuerzo, centrado en el beneficio del otro, y como consecuencia y resultado no buscado, llega la felicidad profunda y duradera.

Amar es querer hacer al otro profundamente feliz, con olvido de uno mismo. Al inicio es una intención de amor profundo y duradero que brota desde lo más íntimo de nuestro ser. Difícil de traducir en obras. Pero poco a poco, en la medida que corren los días, uno se abandona en las manos del otro y confía en él plenamente. Al pasar los meses y los años de matrimonio, se va construyendo un modo, un estilo de interacción propio entre los dos.

Nunca significa que la persona deje de ser quien es, muy por el contrario, con esto se adquiere un compromiso de ir creciendo, de aportar a la relación cosas nuevas, eso es lo que los hace plenamente felices.

No es raro que tengamos aprehensiones. Algunas vienen desde nosotros mismos, otras de nuestra experiencia de vida o de eslóganes seudosicológicos que flotan en nuestra cultura. Esta cultura que tiene una concepción individualista de la vida del hombre, donde la clave de la realización humana es el propio yo.

Algunas de estas aprehensiones pueden ser:

"Y si el otro no me corresponde...", "y si se aprovecha de mí...", "esto no me permite realizarme...", "no quiero dejar de ser yo mismo...", "quiero mi propia individualidad..." No se pueden evaluar, ni juzgar las intenciones, ni los esfuerzos que están detrás. Uno ve obras externas. No siempre llega primero el que puso más esfuerzo.

Si aparecen estos temores en forma recurrente, revísalos con detención, descubre qué los provoca y qué sentimientos generan. Aclara de dónde provienen, si es de ti mismo, o es que la relación no es equitativa, o quizá eres tú el que pone todo el esfuerzo y el otro sólo se deja querer.

En muchas ocasiones estos temores o dudas no te permitirán realizarte. El temor a perder identidad tiene que ver con la falta de seguridad en uno mismo, con posibles, ocultos y enmascarados egoísmos, con amor propio, y poco que ver con el otro.

Si se tienen temores de esta naturaleza fuertemente arraigados, se deben revisar con profundidad antes de casarse. Todo esto puede ser signo de que hay poco amor.

En resumen, un gran amor requiere de: fidelidad, estabilidad, entrega, adaptación, apertura. Todo gran amor debe dar fruto hacia afuera, abriéndose a los demás; debe dar luz, alegría. Cuando los amores son egoístas, con un egoísmo de a dos, son amores falsos.

## Cosas que matan el amor

La rutina, el hacer todos los días lo mismo como autómatas, es como una masa informe que todo lo aplasta, que quita las ilusiones del estar juntos, donde se repiten actos y conductas como marionetas. Esto mata el amor. La mujer después de unos años de matrimonio, sin arreglo personal; él, desaliñado, encerrado detrás de un periódico. La rutina se combate con fuerza, no descuidando nunca los pequeños gestos de amor de todos los días, con verdadera preocupación y creatividad. Son esos gestos los que el otro echará de menos cuando esté fuera de casa y ansíe volver pronto, o añore, cuando han discutido y las relaciones se enfrien por un rato.

También ahuyenta la rutina el darle sentido a cada día de nuestra vida: revisión profunda de las causas y los motivos de nuestras conductas, trabajar aspirando a la perfección, terminando con entusiasmo lo que se empieza y compartiendo los éxitos y los fracasos.

El amor propio es ponerse uno antes que el otro, perseguirlo con las cuentas, hoy "YO", levanté la mesa, "hoy YO te llamé y no fuiste capaz de llamarme". "Siempre a MÍ me postergas". "Cómo quieres que te deje el auto, a MÍ me queda muy lejos mi trabajo"... también el amor propio queda de manifiesto cuando no se es capaz de pedir perdón ante el error, "por qué me tengo que rebajar YO, pierdo autoridad", o cuando no se es capaz de ver que el otro tiene problemas y eso explica que esté irritable o de mal genio. "Mejor me retiro y no lo ayudo, está insoportable".

Cuando hay verdadero amor, el amor propio tiende a desaparecer. Es el amor de los dos como si fueran uno. El amor dual es lo nuevo, el amor por sacar ambos una familia adelante.

La superficialidad, que es vivir hacia fuera, hacia el tener, hacia el representar, hay que tender a erradicarla. Lo importante en ella es el tener cosas y el lograr bienestar. Vivir en torno a esto es lo que mata el amor, se ahoga entre las cosas. "Te quiero más si me das más dinero".

Muchas veces se llega a esto por vivir volcados hacia fuera, hacia las amistades, las fiestas, el trabajo y no hacia el crecimiento propio y profundo de cada uno. Una vida sin compromisos, sin mayores problemas, con muchos amigos y sin pensar más que en sí mismo debilita el amor.

Mata el amor la falta de comunicación, el no darse tiempo para sentarse juntos al terminar la jornada, para compartir lo importante, lo sencillo, lo simpático, lo triste de cada día. Cosas que matan la comunicación son la televisión, el cansancio, la flojera para contar al otro cosas pequeñas, también la falta de espacio y tiempo propio. Los padres deben preocuparse de organizar el tiempo en la casa de tal modo que esto sea posible, por ejemplo, irse juntos al trabajo, tener un día propio o un tiempo determinado en la semana para conversar cosas de la familia.

Los pequeños problemas no solucionados, los que se arrastran como una mochila cargada de piedras pesadas, son problemas sin importancia, pero mantienen el mal genio. "No se lo voy a decir, tiene que darse cuenta solo(a)". Así, no se solucionan los problemas. Hay que buscar el momento adecuado para decir las cosas. Cuando ha pasado la emoción cegadora del enojo, hay que hablar, de lo que uno siente, de lo que el otro siente, sin descalificación, sin agredir. No sacar bajo de la manga cuentas pendientes.

Cuando se comparte poco, cuando hay demasiadas actividades, o cuando todo el tiempo es para los niños, entonces es sano hacerse una pregunta: "¿por qué no nos queremos mirar a los ojos? ¿Qué pasa con nuestro amor?" La clave está en darse tiempo para entretenerse juntos, buscar actividades que a ambos les agraden y hacer algunos sacrificios, a veces cede uno, a veces el otro. Entretenerse juntos es fundamental para desarrollar un amor sólido, como también es un estupendo termómetro para medir cómo va la fuerza del amor.

Otro punto es el dejarse estar, física, intelectual y afectivamente. Descuidarse, la falta de empeño para verse bien, para traer un tema interesante, para plantear desafíos y mover la curiosidad del otro. El amor requiere de sorpresas de vez en cuando, de magia, de algo distinto. Celebrar siempre las fechas importantes del matrimonio, con algo nuevo que despierte interés, que sorprenda, que haga reír.

## ¿Cómo superar y solucionar los conflictos?

El estilo de una relación amorosa tiende a mantenerse en el tiempo, hay que cuidarlo siempre. Es preocupante cuando habitualmente se grita, o que cuando algo sale mal uno llora y el otro se hace el despistado, o se comienza con insultos, o se echan mutuamente de la casa, el otro amenaza con irse. La forma en que se hacen las cosas es muy importante, nunca se debe llegar a faltas de respeto, insultándose o agrediéndose física o psicológicamente, como tampoco está en las reglas de este juego abandonar el hogar o echar al otro. Juntos para toda la vida, por lo tanto juntos, se arreglan los problemas.

En un conflicto serio y mantenido, donde las emociones están a flor de piel y ambos sienten que no están actuando como deben, es bueno separarse dentro de la casa, darse un espacio para pensar con tranquilidad. No violar la intimidad del otro, ser directos, no manipular, respetarse siempre, que no existan ni palabras ni hechos que lamentar.

Tampoco es bueno incluir a otros ni a la mejor amiga, ni a los padres o hermanos en los conflictos del matrimonio. Se estaría violando la intimidad. Cuando hay otros de por medio, lejos de solucionar el problema lo agrandan y lo mantienen en el tiempo, y en las familias siempre se toma partido por uno. Después, el problema –ya solucionado por el matrimonio– permanece vivo y permanente en los que los rodean.

Si es un problema que no pueden solucionar, deben acudir a quien les ayude, alguien elegido por ambos.

## La fidelidad y la indisolubilidad del matrimonio no son palabras en el olvido

El amor, la fidelidad y la indisolubilidad son los pilares del matrimonio. Uno acompaña y hace posible al otro; los tres trenzados le dan fortaleza al matrimonio y la posibilidad de cumplir bien su función, que es formar una familia profundamente feliz.

La fidelidad supone unidad interior, continuidad, ser constante en el tiempo, ser uno mismo. Para poder contraer libremente un compromiso, hay que tener conciencia clara y profunda de lo que se está prometiendo y movilizar toda la fuerza de la persona para llevarlo a cabo.

La infidelidad procede de personalidades rotas, de aquellos que no son dueños de sí mismos, los cuales se comportan de modo diferente dependiendo de quien esté con ellos. El ambiente los lleva y los trae como hoja al viento, se acomodan en todas las situaciones. Están difuminados en el resto, no tienen imagen propia, son imitadores y falsificadores de las personalidades de otros. Esto es propio de los adolescentes que no tienen claro quiénes son, ni lo que quieren. Por mucho amor que sientan el uno por el otro no están listos ni preparados para asumir este importante desafío de amor, que es el matrimonio. La fidelidad es el profundo respeto y cuidado por el compromiso contraído libremente.

La fidelidad implica reciprocidad, un intercambio vivo entre dos personas que por definición van cambiando, van creciendo, se van desarrollando, adquiriendo nuevas experiencias.

Una fidelidad es vacía, falsa, si no hay heroísmo, si se niega a la reciprocidad y al intercambio, y si importa muy poco si el otro es feliz. La fidelidad es una promesa mutua, amarse mientras se viva. Si uno olvida al otro, o lo desprecia, está siendo un egoísta, se olvidó de su promesa. Es rígido y estático, no tiene amor por el otro, se trata de la fidelidad por agotamiento, por hábito, para evitarse y huir de las dificultades.

Se da a veces con el paso de los años, esos amores que no crecen, que se quedan estáticos, que los mata la rutina, que se han gastado y agotado porque nunca se cumplió más que lo mínimo. Se actuó para evitar las peleas, el dolor, y al término de unos años, son muestra de un gran agotamiento de las facultades de renovación interior.

La fidelidad verdadera es un renovarse continuo, la promesa hecha un día, se hace todos los días: "Quererte y respetarte durante todos los días de mi vida". Es hoy, ahora, que te tengo que querer, respetar, escuchar, perdonar. No es un recuerdo tierno, dulzón de algo pasado y añejo, del amor de novios, sino la fuerza renovadora, el renacer en cada uno la promesa, que mueve cada día a ser mejores, a preocuparnos más del otro y quererlo más.

Para ser fieles es necesario ser flexibles, ser pacientes y estar abiertos al cambio. Se requiere día a día adaptar el amor a los cambios que operan dentro de uno mismo, como también adaptarlo a los cambios que operan en el otro, para que en ninguno de los dos se pueda sentir una ruptura.

La indisolubilidad es también una exigencia del amor maduro, profundo y estable. Cuando esta decisión es para toda la vida, con salud y enfermedad, viejo o joven, tenemos que pensar con detención y cuidado: ¿se está dispuesto a vivir con una misma persona durante toda la vida? ¿Es el amor tan fuerte para que esto no sea una carga sino el mejor regalo?

Si pensamos que la indisolubilidad es una tarea "sobre-humana" partimos encontrando en el otro cosas que no se está dispuesto a aceptar, y rincones del corazón que no se está dispuesto a compartir. Es limitar desde un inicio la posibilidad de disfrutar de un amor verdadero. El amor necesita del darse plenamente, sin reservas, si no es así, sólo se tendrá un amor condicionado, un amor desechable, un amor transitorio. Sería el reflejo del individualismo actual que imposibilita el compromiso valiente y total con el otro.

La indisolubilidad puede tener múltiples razones de orden social, pero sólo tiene dos razones de orden personal. La primera tiene que ver con la intimidad, porque una relación conyugal implica la totalidad de la persona, hay una entrega de cuerpos y almas, no es algo que se pueda desconocer, ni disolver, ni deshacer. El darse y recibirse mutuamente, libremente, deja huella profunda en nuestro ser, imposible de borrar: es como ser padre o madre, estén los hijos grandes, lejos, eso no le quita a los padres su identidad como tales. Cualquier otra concepción del amor pone a la persona en la situación de objeto: objeto de placer o de necesidad de otro. Ésta es la destrucción del amor, de su esencia, de su complejidad y riqueza, porque ha desvalorizado la persona, se trata en efecto de una primacía del valor de la persona sobre el valor del sexo, y de la realización del amor en un terreno en el que puede fácilmente encontrarse reemplazado por el principio utilitarista que trae consigo la actitud de goce respecto de la persona.

La segunda razón es la estabilidad familiar: cada miembro nuevo tiene derecho a tener estabilidad, cariño, acogida que le permita un crecimiento armónico y feliz, y a no ser dañado por la irresponsabilidad, volubilidad e inconstancia de sus padres. La familia es el único lugar donde la persona puede crecer y desarrollarse plenamente. Sólo en el matrimonio se favorece la existencia del amor maduro, estable y creador, el cual crece aún más con la llegada de los hijos.

## Secretos para triunfar en el amor

Podemos decir que un matrimonio estable pasa etapas a lo largo de la vida. Esto no quita el pensar que cada matrimonio tiene su propia historia, pero es importante conocer lo que comúnmente puede suceder, para enfrentar satisfactoriamente las tareas de cada una de ellas.

Hay que encontrarse preparados y alertas para detectar el origen de algunas dificultades y por lo tanto poderlas solucionar con mayor rapidez. De esta forma se sentarán cada vez más, las bases de un matrimonio con profunda intimidad y resultará fortalecido para enfrentar con éxito las dificultades del diario vivir.

En la etapa del noviazgo la elección del otro es más formal. Ya se está pensando en constituirse como matrimonio, con planes para el futuro y proyectándose hacia una vida compartida. Es la preparación para lograr una profunda intimidad entre ambos. Es una etapa de profundización en el conocimiento del otro para identificar valores, intereses, formas de enfrentar la vida y sus problemas, sentimientos, gustos, disgustos, grado de desarrollo personal.

En pequeños gestos y en reacciones, se va descubriendo cada vez más profundamente al otro. Mucha gente al poco de casada piensa: "Me lo cambiaron, antes no era así". Pero siempre fue así, sencillamente antes no se había penetrado en su intimidad, sólo se conocía la cáscara, lo superficial, su mejor cara.

## Recién casados

Cuando ya viven juntos, los sueños de años se concretan, se hacen realidad. La ceremonia del matrimonio sella el compromiso para la pareja y ante los demás, en especial ante sus propias familias. Significa que se ha constituido una relación formal, esto les ayuda a empezar a consolidar la independencia de las respectivas familias de origen.

Es importante para el nuevo ajuste iniciar el matrimonio con la luna de miel: es un tiempo para disfrutar ambos de su nueva relación, sin presiones ni apuros, ayuda a conversar sobre cada uno y guardar fuerzas para la vida de todos los días, que va a requerir de fuerza extra para iniciarla con fluidez.

Nunca es totalmente igual el estar de novios que el casarse. Hay cambios muy positivos, como el poderse expresar el amor, la ternura, la generosidad sin límites, en la seguridad del compromiso contraído de por vida. Pero también aparecen defectos que al vivirlos día a día se hacen más patentes: el desorden, la flojera, porque de algún modo, éstos no implican a la persona en particular, sino que los involucra a ambos. Por ejemplo, dejar el baño mojado cuando se ocupa, las toallas desordenadas, el tubo de pasta de dientes sucio o abierto. Son detalles tontos, ridículos, que al repetirse molestan cada día más y pueden ser fuentes de muchas peleas.

Es importante aprender a ser cónyuges, lograr decir "nosotros" antes que yo o tú. Ellos son más que la suma de dos individualidades, se ha generado una tercera, que con habilidad se empieza a construir, descubrir y disfrutar.

Otra cosa fundamental es ir trabajando el cambio desde el amor romántico al amor maduro. Reconocer las diferencias entre ambos, el amor hacia el otro no puede ser una búsqueda de sí mismo, de seguridad y protección, como es el amor propio del adolescente. El amor emocional es el primer paso para el amor maduro, si no, no se hubieran ni siquiera mirado. Este amor debe profundizarse, poniéndole racionalidad y voluntad, transformando el querer al otro, en "querer querer" al otro.

Por lo tanto no se debe confundir la pérdida de intensidad del amor emocional, con el término del amor propiamente tal. Es cuando el acto conyugal sirve no sólo para el placer sexual de ambos, sino como una forma de expresión de unidad y amor mutuo.

Uno de los principales temores es mostrarse tal como uno es, abierta y espontáneamente, sin susto al rechazo, sin máscaras, dejar de lado esas frases matadoras del amor: "no es bueno darlo todo", "los hombres o las mujeres nunca se entienden totalmente", "es peligroso contarlo todo porque se puede desilusionar", "me va a controlar", "hablar de temas sexuales es inadecuado, demuestra ineficiencia, poca sabiduría y manejo del tema, puedo quedar en ridículo". Muy por el contrario, el mostrarse y ser sencillos, es ir dándose uno mismo y fabricar una sincera intimidad que los acompañará durante toda la vida.

Es muy difícil mostrarse entero en todos los minutos, días o años, siempre hay algo nuevo. Es más bien la intención íntima de ser sincero lo que hay que lograr, ser espontáneo y auténtico. Esto es indispensable para el desarrollo de la intimidad.

Si somos abiertos, espontáneos, sinceros, nos abandonaremos en el otro casi sin darnos cuenta y los ajustes serán paulatinos, aunque no siempre fáciles. Es importante que ambos tengan una buena disposición.

Con respecto a la expresión de la sexualidad en el matrimonio se irán dando cuenta que a medida que pase el tiempo y conversen del tema, profundamente, sobre lo que agrada, lo que requiere cada uno, lo que le pasa a cada cual, el acto conyugal irá siendo más satisfactorio para ambos y descubrirán distintas formas de darse y manifestar el amor uno al otro. No es fácil, es un lenguaje que se adquiere poco a poco, hay que permitirse fallar, probar y explorar. Tener en cuenta que la manifestación de su amor hacia el otro(a) es única, irrepetible e incomparable.

La responsabilidad de la satisfacción sexual no corresponde a cada miembro de la pareja por separado, ni recae sobre uno solo, sino que ambos son igualmente responsables, uno del otro. En la medida que cada uno se dedique a hacer feliz a su cónyuge, lo será también él. Por lo tanto, la consabida frase "No me llena", "No sabe cómo hacerme feliz", es solamente una forma egoísta, parcial y hedonista de pensar. Si las cosas no marchan como se esperaba cabe pensar: "¿Qué podemos hacer?" "¿Qué te hace falta a ti?"

El sexo por sí mismo no basta, no basta tener armonía en este aspecto si en lo demás no se tiene, porque esta armonía es pasajera, quebrantable y fácilmente destruible, por lo tanto hay que buscar el crecimiento armónico en todos los diferentes aspectos de la relación, en la intimidad, en la capacidad de diálogo, en la capacidad de entrega, de perdón y de olvido.

En la mujer la excitación es gradual, requiere de mayor tiempo que el hombre para lograr el clímax. Esto significa que la mujer debe ser preparada por su marido con delicadeza. Hay cosas y detalles que preparan este encuentro.

Las formas de excitación también son diferentes. En la mujer se centra en el oído y en el tacto. En el hombre en la vista y en la imaginación. A ella le agradan las palabras y las caricias y a él lo que ve o se le insinúa. Las zonas de placer en el hombre son menos y más localizadas, en la mujer son más amplias.

El término del acto conyugal para el hombre es brusco, se relaja completamente, en cambio para la mujer el término es gradual, él por lo general prefiere dormir o descansar y a ella muchas veces le gusta conversar. Es aconsejable conversar mucho, con naturalidad pero con fineza, para no perder el encanto.

## Cosas que son convenientes tener en cuenta para una buena comunicación

Muchos Sí:

Sí, al control, no dejarse llevar por las emociones del momento.
Sí, a la tolerancia.
Sí, a la comprensión.
Sí, a ponerse en el lugar del otro.

Sí, a la ternura.

Sí, a la paciencia.

Sí, a tratar el tema que provocó el conflicto lo antes posible.

Sí, a pedir ayuda juntos a quien la puede dar.

No, a arreglar los problemas en la cama.

No, a acostarse enojados, si es posible.

No, a los silencios que matan.

No, a las caras de ausencia.

No, al reproche mudo.

No, a los gritos o insultos.

No, a sacar las peleas anteriores.

No, a las comparaciones: "es que tu papá..."

No, a meter a terceros en los problemas de los dos, ni la familia, ni los amigos.

Sí, a perdonar. Pedir perdón con humildad, engrandece al que lo pide: enternece y provoca el olvido en el que tiene que perdonar.

## La llegada del primer hijo

Se inicia con el anuncio y la llegada del primer hijo. Es uno de los acontecimientos más importantes en la vida del matrimonio. Significa llegar a la categoría de padres para siempre, es hacerse cargo del cuidado, educación, formación y felicidad de una nueva persona: el hijo.

El deseo de tener un hijo es la expresión del matrimonio de querer trascender y de que su amor tenga una expresión concreta en otro.

El embarazo con sus consabidos cambios hormonales, puede causar profundización en las emociones, hipersensibilidad. Es típico que la mujer llore por todo, todo le afecta, a veces ni ella sabe el porqué de sus penas y tristezas.

Una buena y estrecha comunicación entre ambos, en que se hable de las penas y alegrías, ansiedades e ilusiones, le permitirá al padre ir captando lo que significa la llegada de un hijo. Esta buena disposición creará un clima de confianza y el embarazo y el parto, vivido por los dos, los colocará en una óptima situación para formar el nuevo equipo de tres.

Se dará un completo cambio, se despidieron para siempre de esa total independencia. Es una gran responsabilidad, pero llena de gratificaciones, de cariños y alegrías. Es la primera vez que alguien requiere que nos olvidemos por completo de nosotros mismos.

Ambos han cambiado de categoría, son padre y madre y necesariamente cambia la relación, ya no son dos, son tres y forman una verdadera familia. Una nueva forma de ajuste se tiene que realizar. Al inicio no es fácil, la madre suele estar cansada, no sabe bien si lo está haciendo bien o mal, por ejemplo se puede dedicar mucho tiempo al recién llegado y postergar a su antiguo amor. Es importante por lo tanto integrar al padre en el cuidado del niño y por sobre todo hacer un espacio aparte para compartir solos como matrimonio. Deben volver a ser el uno para el otro, como una forma de tomar fuerzas para ser mejores.

## La familia se abre al mundo: etapa escolar

Es una prueba para los padres puesto que alguien externo a la familia evalúa e interactúa con el niño. Es un poco como dar examen de la eficiencia como papás.

Esto también requiere de un cambio, de un nuevo ajuste, donde esta vez estén involucrados los padres y el niño. La familia necesita redefinir y reorganizarse dando mayor libertad y apoyo al niño que recién se inicia en los afanes escolares. Muchas veces el rápido ajuste y el éxito del niño en la escuela, marcan un camino que con facilidad seguirán los demás.

En esta edad suele existir el primer cuestionamiento personal de los padres, la primera mirada a ver cómo se están cumpliendo sus expectativas. Se ha estado muy ocupado haciendo la familia y cada uno se ha olvidado de sí mismo. La evaluación no es sólo de su persona sino también de la relación entre ambos. Esto puede generar conflictos entre el matrimonio. Si lo logran superar positivamente, con ello viene una nueva y más profunda intimidad, con una visión más compartida de la vida.

## Cuando los hijos son adolescentes

Cuando el mayor llega a la adolescencia se pueden precipitar algunos problemas en la familia que suelen alterar la convivencia diaria. Estos hijos quieren libertad, pero están poco dispuestos a mirar a su alrededor para ver la conveniencia de todos. A ambos padres se les presenta como un desafío, nuevos permisos, nuevos temores, nuevas exigencias. El adolescente puede llegar a demandar tanta atención de los padres como cuando estaba recién nacido. Los hogares inestables son los que más se afectan con este joven egocéntrico. Otras familias sin embargo, toman este período como un desafío, como una nueva forma de mirar la vida. Un tiempo para conversar de temas importantes olvidados, que permiten una mayor comprensión entre hombre y mujer y un enriquecimiento como padres.

Es un desafío para los padres mantener un equilibrio entre lo que se le puede y debe permitir y lo que se le debe restringir. Equilibrio entre tomar decisiones por ellos y que ellos las tomen. El arte está en saber y mantener los límites de la disciplina, ni muy autoritarios, ni muy permisivos.

Esta etapa por lo general, coincide con la crisis de la mitad de la vida en los padres, donde se evalúa con mucha fuerza el tiempo vivido en pareja y cómo se proyecta ésta hacia el futuro. Pueden salir conflictos ocultos que desestabilizan a la pareja.

## El encuentro con un nido vacío

Llega el momento en el que los hijos se van, y dejan un hueco en la casa, debemos adaptarnos a esta nueva realidad. Hay más silencio y más posibilidad de encontrarse consigo mismo. Puede ser que si no se está acostumbrado y se ha vivido la vida sólo en torno a los hijos, si se ha descuidado la relación entre ambos, ésta puede ser una etapa de mucha pena, dolor y conflicto.

No sólo los padres tienen dificultades cuando los hijos se van, a ellos también les cuesta cortar con el cordón del hogar. Esto debe ser sentido como separación, nunca como abandono.

Los cónyuges debemos tener un reordenamiento de nuestra vida, porque cuesta desprenderse del rol de padres. Para los matrimonios con fuerte intimidad, éste es un período de revitalizar su relación, de tener más tiempo para ellos solos, para salir sin trabas ni preocupaciones. Se fortalece el sentido de la amistad y compañía entre ambos y se da mayor cercanía espiritual, gusto por envejecer juntos y por disfrutar de la salud, de los hijos y nietos. Algunos matrimonios asumirán el cuidado de sus propios padres.

## Los años dorados

Es la última etapa, el envejecimiento se hace patente. Se experimenta la pérdida de la salud física, se siente que se está terminando la propia historia. Se pasa muchas veces a depender de los demás.

En esta edad, si bien se ha perdido fuerza y vitalidad física, se ha logrado mayor estabilidad, fuerza interior y sabiduría. Como pareja lo han compartido todo y seguirán disfrutando de sus historias pasadas. Si han logrado realizar su tarea con éxito se verán rodeados de su familia que los protegerá y cuidará. Recogerán abundantes frutos del amor sembrado con esfuerzo. Se prepararán con naturalidad para su muerte y la de sus amigos.

# Conclusión

## Educación en el compromiso

Nos parece importante al terminar estos pensamientos sobre afectividad y sexualidad, dar un último paso en la reflexión con nuestros hijos: ser mujer o ser hombre no es una pura casualidad, fruto del azar.

La sexualidad, con un profundo sentido humano, es valiosa. La sexualidad se parece a la sonrisa. La podemos describir como determinadas contracciones musculares de la cara, o como respuesta a estímulos positivos, una descripción fisiológica o psicológica. Pero la sonrisa es mucho más que eso, no es sólo un gesto, significa acogida, amistad, afirmación; en definitiva un gesto que expresa y realiza sentimientos y algunos actos propios del amor. La sexualidad es aquella dimensión humana en virtud de la cual la persona es capaz de una donación interpersonal específica. El gesto es entre dos personas, un acto en que se destinan recíprocamente.

Fuera del amor, la sexualidad deja de ser algo bello, y se convierte en algo simplemente útil, apto para someterse a los intereses, cuyo sentido y significado propio puede acabar desapareciendo, cuando no se toma al sexo suficientemente en serio.

La sexualidad es importante, pero el amor y sus actos lo son más: Con él puede lograrse la armonía del alma al integrar el impulso sexual con el resto de las dimensiones humanas, los sentimientos, la voluntad y la razón. Es elevar la sexualidad al nivel de los sentimientos, de la inteligencia, la razón y la voluntad, humanizándola definitivamente.

Los padres en nuestra tarea de educar estamos guiados por dos verdades fundamentales: la primera que el hombre está llamado a vivir en la verdad y en el amor. La segunda, que el hombre se realiza mediante la entrega de sí mismo.

Tenemos el derecho de educar a nuestros hijos conforme a nuestras convicciones morales y religiosas, teniendo presente las tradiciones culturales de la familia que favorecen el bien y la dignidad del hijo; ellos deben recibir también de la sociedad la ayuda y asistencia necesarias para realizar de modo adecuado la función de educar. Como esta tarea de educar actualmente presenta una particular dificultad por la influencia de la pornografía que deforma la sensibilidad de los niños y jóvenes, los padres debemos redoblar sus cuidados. Esta debe ser una educación orientada a la prevención, pero con espíritu crítico. Los padres debemos emprender acciones para luchar valientemente contra el medio que perjudica y daña a nuestros hijos. No podemos tener una actitud indiferente y condescendiente: "Esto se va a pasar, es una moda".

La educación que le demos a nuestros hijos debe dirigirse a fortalecer la virtud de la castidad. "La castidad entendida como una afirmación gozosa del amor puro".

Normalmente, sabemos que tenemos un destino trascendente, que tiene la noción de "finalidad" detrás de los hechos; todo tiene un "para qué" más que un por qué, que implica mirar hacia atrás. El sexo también. Está claro que es distinto ser hombre o ser mujer, son modos distintos de estar en el mundo, formas diversas de ver la vida y de interpretar los acontecimientos, formas distintas incluso de entregarse a los demás. Esto significa que la vida plena, la felicidad de cada uno, se alcanza de alguna manera un poco diferente.

Así como no es casual que, en concreto, uno sea mujer, tampoco lo es la forma de llevar a la plenitud el ser mujer.

No es accidental la decisión de casarse, no sólo importa con quién. Antes importa "qué hacer con mi vida", saber si el matrimonio "es lo mío". Algunas veces nos sorprendemos al saber que muchos jóvenes al inicio o en plena adolescencia se dan cuenta de que, asociado a su "ser sexual" se abren dos caminos, dos formas de vivir la vida: el matrimonio o un camino de entrega a Dios. Ver un camino significa ir hacia algún lado, tener y buscar un fin: darse cuenta de que, para cada uno en concreto, no da lo mismo lo uno o lo otro.

Tengamos en cuenta que el camino que eligen nuestros hijos no es un simple modo o forma de vivir la vida; es una activa y creativa aceptación de que hay algo para el/ella durante y al final del trayecto, de que si es su camino, es su única fuente de felicidad. Por eso se hace atractivo y mantiene cautivado el corazón del joven, tanto, mientras duda qué hacer, como cuando pondera sus decisiones, y después, con mayor intensidad una vez que decide emprenderlo.

Seguramente estamos todos de acuerdo en que es tarea de los padres abrir el horizonte a los hijos en todos los ámbitos: en la vida espiritual, familiar, cultural y profesional. Como ya se ha dicho, la juventud es, por su misma naturaleza, el momento de las grandes decisiones, cuando el corazón puede ofrecer lo mejor. Es capaz de entender una entrega por amor. Por eso sería grave que truncáramos ideales de amor en los hijos, por temor, por las razones que sean, aunque se piense que se hace con las mejores intenciones. Aquí el amor verdadero por nuestros hijos se prueba en la real libertad que les damos, para saber elegir con responsabilidad su proyecto de vida.

Educar la sexualidad no es el cómo le digo al niño el nombre de sus órganos genitales y cómo llegan a unirse óvulo y espermatozoide. Eso se dice con cariño, con discreción, con gradualidad, de acuerdo a la comprensión del niño e inserto en el contexto de un amor verdadero. Educar la sexualidad de los hijos es en último término ir mostrándoles que el amor es compromiso.

Esta actitud generosa y libre del corazón implica para nosotros como padres, considerar la posibilidad que algún hijo puede ser llamado para que entregue su corazón sin divisiones, completamente, exclusivamente, al amor de Dios, en el celibato. Esto, con la conciencia llena de la paz de quien sabe que todos los caminos llegan a la meta.

¡Qué difícil tarea puede ser en el mundo de hoy mostrar a los hijos la vida matrimonial y el celibato apostólico como caminos de felicidad! El mundo de hoy pondera alternativas de éxito, baraja posibilidades de eficiencia, considera contratos a plazo fijo, se hace camino al andar, probando y descartando según se den las cosas. Esto que queremos mostrar a nuestros hijos es por el contrario, el mundo de las decisiones fundamentales, los compromisos de amor de por vida, la entrega incondicional, las opciones radicales y a veces controvertidas e incomprendidas.

Educarlos especialmente para relacionarse con los demás, con la comunidad social. Porque el camino, cualquiera de las dos opciones que se tome pasa a ser "el camino" para el joven, no es siempre fácil y placentero. Pueden surgir muchas dificultades y obstáculos, tanto en la vida matrimonial como en la del celibato. Es necesario ir aprendiendo que el amor auténtico se confirma en las pequeñas o grandes pruebas de la vida. Los sentimientos que animan a las personas muestran su más grande consistencia en los momentos difíciles. Es entonces cuando prenden la entrega mutua y el cariño.

La entrega no se agota en una sola decisión. Es preciso decir que sí al principio y renovar esa afirmación muchas veces a lo largo del camino, para hacerla más plena y más alegre. Reconocer que el sí es diario, es tener gran parte de la batalla ganada. La entrega, el compromiso, puede costar siempre, no sólo cuando se responde por primera vez. Pero la entrega por amor es un peso alegre, que no esclaviza.

# Bibliografía

*Amor y familia*
Mercedes Arzú de Wilson
Ediciones Palabra, 1998,
Madrid, España.

Sexualidad humana, verdad y significado
Pontificio Consejo para la Familia
Editorial San Pablo, 1996,
Santiago, Chile.

Revistas
Evangelizar Educando
Vicaría para la Educación
Año IX mayo – junio, 1995,
Santiago, Chile.

*¿Qué sabes tú de la mujer?*
Manuel Díaz Alvarez
Ediciones Paulinas, 1988,
Bogotá, Colombia.

*¿Qué sabes tú del hombre?*
Manuel Díaz Alvarez
Ediciones Paulinas, 1989,
Bogotá, Colombia.

*Educación de la sexualidad*
Víctor García de la Hoz
Ediciones Rialp, 1992,
Madrid, España.

*La personalidad del adolescente*
Joyce del Campo
Editorial Andrés Bello, 1983,
Santiago, Chile.

*La educación de la amistad en la familia*
Gerardo Castillo C.
Editorial EUNSA, 1988,
Pamplona, España.

*Juntos vamos creciendo*
Verónica Díez – Verónica Gubbins
Editado por las autoras,1995,
Santiago, Chile.

*Psicopatología de la adolescencia*
Ramón Florenzano
Sociedad Médica de Santiago, 1980,
Santiago, Chile.

*Tus hijos adolescentes*
Gerardo Castillo
Ediciones Palabra, 1992,
Madrid, España.

*Madurez y educación sexual*
Víctor García Hoz
Ediciones Palabra, 1981,
Madrid, España.

*Las virtudes fundamentales*
Josef Pieper
Rialp, 1980,
Madrid, España.

*La educación sexual*
Jesús Urteaga
Ediciones Palabra, 1984,
Madrid, España.

*Cómo dar la información sexual*
Engracia A. Jordán
Ediciones Palabra, 1984,
Madrid, España.

Documentos del Instituto de Ciencias para la Familia
Carlos Caffarra
Ediciones Rialp, 1990,
Madrid, España.

*Los cuatros amores*
C. S. Lewis
Editorial Universitaria, 1988,
Santiago, Chile.

*Moral, juventud y sociedad permisiva*
Mons. Carlos Oviedo
Editorial San Pablo, 1992,
Santiago, Chile.

*Familiaris consortio*
Juan Pablo II
Ediciones Paulinas, 1987,
Santiago, Chile.

*Amor y responsabilidad*
Karol Wojtyla
Fundación Cultural Nacional, 1991,
Santiago, Chile.

Sexualidad y adolescencia
Mónica Silva
Editorial U. Católica, 1994,
Santiago, Chile.

*La crisis moderna del amor*
Gustave Thibon
Editorial Fontanella, 1968,
Madrid, España.

*El gran divorcio*
C. S. Lewis
Editorial Andrés Bello, 1992,
Santiago, Chile.

Se terminó de imprimir
en el taller de Impresora Alfa,
México, D.F.
El día 15 de abril de 2009.
Se tiraron 500 ejemplares más sobrantes.